KLARTEXT

Bildnachweis:
dtv-Verlag: S. 116, Imago Images/H. Tschanz-Hofmann: S. 66, Imago Images/Heritage Images: S. 94; picture alliance/akg-images/Schuetze/Rodemann: S. 6, picture alliance/Alessandro Lonati/Leemage: S. 83, picture alliance/Artcolor/Bildarchiv Hansmann: S. 77, picture alliance/Bildagentur-online/Joko: S. 61, picture alliance/Bildagentur-online/Schoening: S. 69, picture alliance/blickwinkel/S. Ziese: S. 58, picture alliance/dpa-Zentralbild/Stephan Schulz: S. 4/5, picture alliance/dpa/Carsten Rehder: S. 78, picture alliance/dpa/Achim Scheidemann: S. 96, picture alliance/dpa/Thoralf Plath: S. 115, picture alliance/ullsteinbild: S. 104, picture alliance/United Archives/kpa Publicity: S. 103, picture alliance/ZB/Karlheinz Schindler: S. 64; Veit Veltzke/Privatarchiv: S. 12/13, S. 100; Wikipedia: Nordenfan - Eigenes Werk, CC BY 4.0, https://commons.wikimedia.org/w/index.php?curid=53861344: S. 58.; alle anderen Abbildungen: picture alliance/akg-images.

Bibliografische Information der Deutschen Nationalbibliothek
Die Deutsche Nationalbibliothek verzeichnet diese Publikation in der
Deutschen Nationalbibliografie; detaillierte bibliografische Daten sind
im Internet über portal.dnb.de abrufbar.

Impressum
1. Auflage April 2023
Layout und Satz: Joachim Bartels
Umschlaggestaltung: Guido Klütsch, Köln
Autorenfoto Umschlagklappe: pa/dpa/Armin Fischer
Umschlagabbildungen: imago images/biky (Förderturm), picture alliance/akg-images (Langer Kerl, Friedrich), Mindener Geschichtsverein e.V., Entwurf: Wolfgang Wellpott (Adler), LVR-Niederrheinmuseum Wesel/Foto: Jürgen Berner (Heilig-Geist-Taube)
Druck und Bindung: Linsen Druckcenter GmbH, Siemensstraße 12–14, 47533 Kleve

© Klartext Verlag, Essen 2023
ISBN 978-3-8375-2320-1

Jakob Funke Medien Beteiligungs GmbH & Co. KG
Jakob-Funke-Platz 1, 45127 Essen
info.klartext@funkemedien.de
www.klartext-verlag.de

Veit Veltzke

Preußen

**Populäre Irrtümer
und andere Wahrheiten**

Inhalt

- 6 Zum Geleit
- 7 Ein Kurfürst neuen Stils
- 12 Zahlen & Fakten
- 14 Toleranz, die aus dem Rahmen fällt
- 17 Idee und Magie
- 20 Der unterschätzte Monarch
- 22 Herrschertreue Entwicklungshelfer
- 24 Ein Revolutionär auf dem Königsthron
- 28 Mehr als eine Marotte
- 30 Salzburger in Ostpreußen
- 32 Nicht nur ein Familiendrama
- 36 Friedrich „der Einzige"
- 39 Toleranz und Aufklärung
- 42 Menschenrechte
- 44 Freundschaft mit Unterbrechung
- 46 Ungehorsam und Ehre
- 48 Ein Hund namens Hasenfuß
- 50 König in und König von
- 52 Preußen. Eine Zeitreise
- 56 Früher Aufstieg des Ruhrgebiets
- 59 Bildungsoffensive
- 62 „Als Poesie gut"
- 64 Königin der Herzen
- 67 Preußische Romantik?
- 70 Die Kunst des Kompromisses
- 73 König und Kathedrale
- 76 Eine verkannte Kopfbedeckung
- 79 Bismarcks Kriege?
- 82 Ein General der anderen Seite

- 84 Traditionsbrüche
- 88 Das doppelte Gesicht
- 90 Der Kaiser überall
- 95 Preußenbaum und Mutterklötzchen
- 96 Pass-Spiel zu Preußen
- 98 Monstrum Preußischer Militarismus?
- 101 Ein preußisches Märchen
- 104 Zusammenbruch eines Bollwerks
- 107 Nach dem Staatsende
- 111 „Ganz ohne Preußen geht die Chose nicht"
- 114 Von Heimat und Preußen-Krimis
- 116 Das Quiz für echte Preußen-Experten
- 120 Zitate

Zum Geleit

„Nichts ist schwerer, als dem Süddeutschen oder Österreicher das spezifisch Preußische erklären zu wollen. Immer wieder hält er Preußen für ein Land und die Preußen für ein Volk", so der deutschbaltische Schriftsteller Werner Bergengruen. Ein sogenannter Preuße würde, so Bergengruen, im Ausland nach seiner Herkunft befragt, immer die Auskunft geben, er sei Deutscher oder sich gegebenenfalls als Rheinländer oder Ostpreuße zu erkennen geben.

Preußen stand in erster Linie für Dynastie und Staat: für einen Überbau, der ganz unterschiedliche Herrschaftsgebiete mit eigenen Traditionen, Kulturen und Ethnien vereinte und ihnen ihre Eigenarten weitgehend beließ.

Aber das ist nur die halbe Wahrheit: Preußen ging mit in das Mosaik regionaler Identitäten ein und wurde so Teil der Heimat. Dies galt in erster Linie für die altpreußischen ostelbischen Provinzen. Ihre lange Zugehörigkeit zu Brandenburg-Preußen prägte hier das Gesicht der Städte und Siedlungen und floss in das Heimatbewusstsein ein: auch bei der heute hier heimisch gewordenen osteuropäischen Bevölkerung.

Häufig vermochte der preußische Adler aus dieser Vielfalt zu zehren und sich anzupassen: wie der mythische Vogel Phönix, der immer wieder neu aus der Asche geboren wird. Vollzog der preußische Phönix am Ende in gelassener Rückschau eine Mutation, die der staatlichen Macht- symbole von Schwert und Zepter nicht mehr bedarf?

Begleiten Sie den preußischen Adler auf seinen überraschenden Flügen durch Zeit und Raum!

Ein Kurfürst neuen Stils

Als Kurprinz Friedrich Wilhelm (1620–1688) aufwuchs, befand sich sein Land in bedauerlichem Zustand: Die Mark Brandenburg war Durchzugsland fremder Heere und wurde von den Kriegsparteien des 30-jährigen Krieges regelrecht ausgesogen. Von 1635 bis 1640 verlor Brandenburg so 45% seiner Bevölkerung!

In Kleve, Mark und Ravensberg hatten sich Niederländer, Hessen, Spanier und Kaiserliche festgesetzt. Trotzdem besaßen diese an Städten, Handel und Gewerbe immer noch reichen Gebiete mit ihrem persönlich freiem Bauernstand Alleinstellungsmerkmale unter den kurfürstlich brandenburgischen Gebieten: freilich bei all den Fremdbesetzungen erst einmal ein Scheck auf die Zukunft. Aufs Ganze gesehen, fehlte es an allem – an Geld, an Allianzpartnern, an eigenen Soldaten und an Menschen.

Da ruhte die Hoffnung des Kurhauses besonders auf dem Kurprinzen als Hoffnungsträger einer besseren Zukunft. Sein Erzieher Johann Friedrich Calcum, genannt von Leuchtmar, prägte ihn entscheidend. Der weltläufige bergische Adlige konnte ihm einen beachtlichen Grundstock an Bildung vermitteln, ohne den Knaben in ein Korsett zu pressen.

Der junge Kurprinz zeigte sich stark empfänglich für die christliche Botschaft in ihrer calvinistischen Ausformung, in der ihn Leuchtmar bestärkte. Kein Zweifel, hier fand Friedrich Wilhelm sein Lebensfundament. Schon als Jugendlicher wählte er ein Bibelwort für sich aus, das er später als Kurfürst seinem Wappen als Devise hinzufügte: „Tue mir kund den Weg, darauf ich gehen soll." (Psalm 143,8).

1634, mit vierzehn Jahren, reiste er, mit Leuchtmar und einem kleinen Gefolge an seiner Seite, für vier Jahre in die niederländische Universitätsstadt Leyden. In den Niederlanden herrschte das „Goldene Zeitalter". In Handel, Wirtschaft, Kultur und Wissenschaft, Militärwesen und Seefahrt nahm das Land eine führende Stellung in Europa ein. Bei seinen ausgedehnten Reisen konnte Friedrich Wilhelm in Amsterdam die Werften besichtigen, die eine Handelsflotte von 10.000 Schiffen erbaut hatten – mehr als alle anderen Handelsschiffe Europas zusammen.

Der junge Mann wurde hier nicht zum gelehrten Studiosus, wohl aber zum wohlinformierten und durchaus tiefer gebildeten Kavalier, bei dem auch Fechten, Reiten und Tanzen nicht zu kurz kamen.

1640 trat Friedrich Wilhelm die Regierung an, weiterhin unterstützt von seinem Vertrauten Leuchtmar. Dieser riet ihm angesichts der allgemeinen Misere, in der das Land steckte, zum Aufbau einer eigenen Streitmacht und zu mehr „Tapferkeit und Großmütigkeit", dann würde man Brandenburg mit mehr „Respekt" behandeln.

1646 trat Friedrich Wilhelm mit der ältesten Tochter des niederländischen Statthalters, Louise Henriette von Oranien, vor den Traualtar. Eine politisch motivierte Heirat zwar, in der Hoffnung auf die Unterstützung der Niederlande geschlossen, aus der aber doch eine liebevolle glückliche Ehe erwachsen sollte.

Dass die noch getrennten Städte Cölln und Berlin durch Baumeister und Künstler aus den Niederlanden zu einer respektablen Residenz ausgestaltet wurden, war auch dem Einfluss Louise Henriettes zu verdanken. In einer auf einer Havelinsel gelegenen ländlichen Idylle – ein Geschenk ihres Mannes – ließ sie Schloss Oranienburg erbauen, bewährte sich als umsichtige Gutsherrin und führte in ihrem Schlossgarten Blumenkohl und Kartoffeln in die Mark Brandenburg ein. Dem niederländischen Vorbild folgte Friedrich Wilhelm auch mit dem Aufbau einer eigenen Marine und dem freilich nur kurzlebigen Einstieg in die überseeische Handels- und Kolonialpolitik (Gründung von Groß Friedrichsburg in Ghana 1683, u.a. Sklavenhandel).

Von den achtundvierzig Regierungsjahren des Großen Kurfürsten waren neunzehn mit Kriegen angefüllt. Durch die Streulage seiner Besitzungen wurde Brandenburg-Preußen unweigerlich in die großen europäischen Konflikte in Ost und West verstrickt. Friedrich Wilhelms Antwort auf diese Ausgangssituation war ein zielstrebiger Ausbau seiner Militärmacht, um in diesem Mächtespiel eine eigenständige Rolle wahrzunehmen und die Konfliktherde an den Rändern seines Reiches zu seinem Vorteil zu nutzen.

Erst Friedrich Wilhelm verlieh dem ursprünglich nur für Brandenburg zuständigen „Geheimen Rat" dauerhaft einen verschiedene Regionen überspannenden Charakter. Ausgewählte Geheime Räte begleiteten ihn auf seinen Reisen, sozusagen ein wanderndes Regierungsbüro: ein Kompetenzzentrum, häufig mit niederländischem Bildungshintergrund, in dem Jasager unerwünscht waren. Hier wurden sämtliche politischen Schritte besprochen und abgefedert – der Anfang eines rationalen Absolutismus in Brandenburg-Preußen. Kriegskommissare verwalteten die ländliche Grundsteuer (Kontribution genannt), die zu Lasten der Bauern ging, und konnten auf all das bestimmend Einfluss nehmen, was in irgendeiner Form mit Angelegenheiten der Armee verknüpft war – also auf fast alles.

Mit dem auf den Kurfürsten ausgerichteten und (auch) moralisch disziplinierten Heer wurde das Militär in den Garnisonen der verschiedenen Landesteile die erste dauerhaft sichtbare Klammer, die den Landesherrn repräsentierte. Damit war zwar noch nicht das Bewusstsein eines Gesamtstaates geschaffen, aber eine Tendenz dahin sichtbar geworden.

Friedrich Wilhelm
und Louise Henriette,
Gemälde von
Matthias Czwiczek, 1649

HISTORISCHE

Brockhaus' Konversations-Lexikon. 14. Aufl.

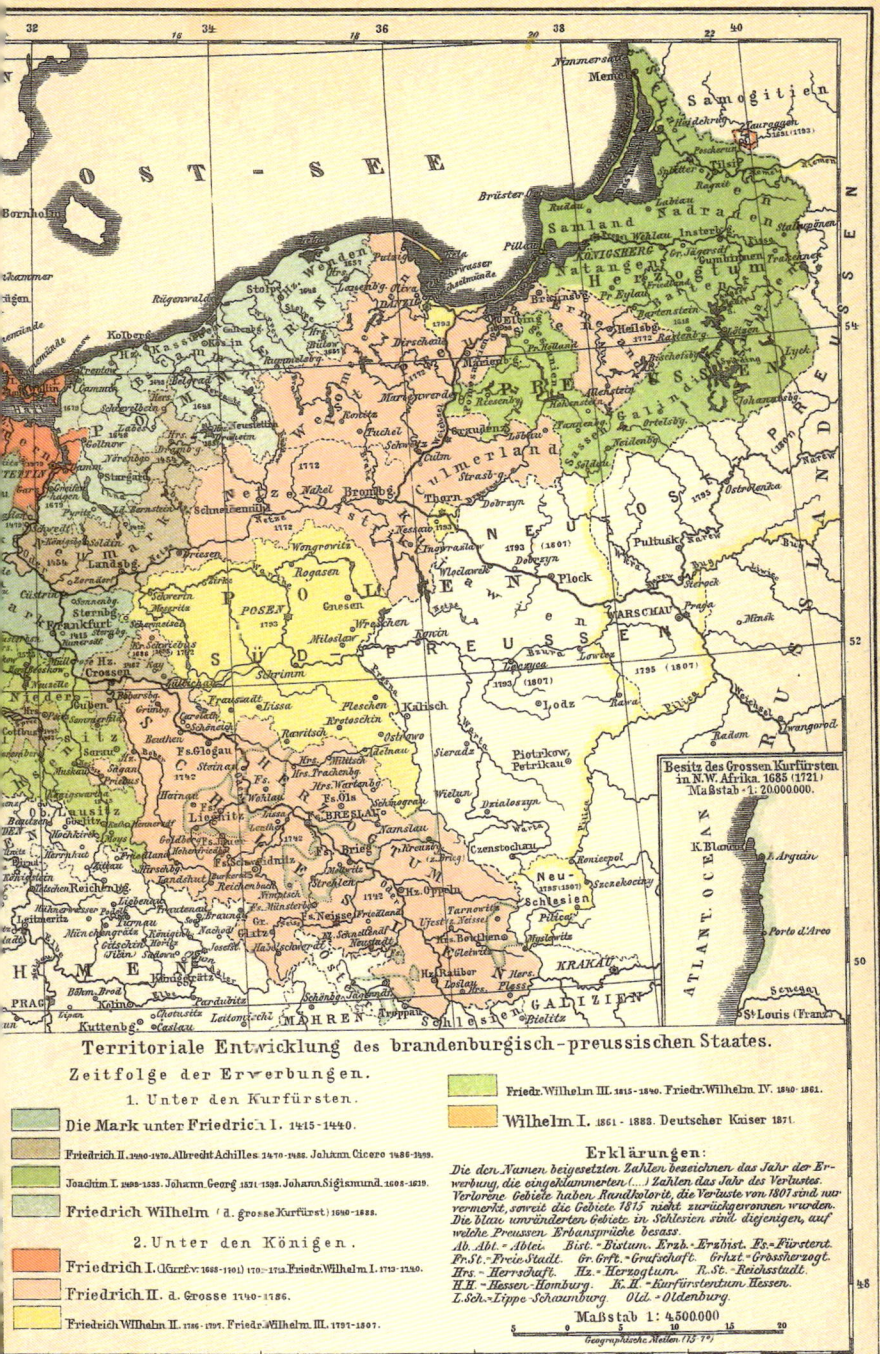

Zahlen & Fakten zur territorialen Entwicklung Preußens

Kurfürst Johann Sigismund (1608–1619)
81.064 km²
1609/14: Kleve, Mark, Ravensberg, **1618:** Herzogtum Preußen

Friedrich Wilhelm, der Große Kurfürst (1640–1688)
110.836 km², 1.500.000 Einwohner
1648: Hinterpommern, Halberstadt, Minden, Magdeburg

Kurfürst Friedrich III./König Friedrich I. (1688–1713)
112.524 km², 1.650.000 Einwohner
1702: Grafschaft Lingen, **1707:** Fürstentum Neufchatel, **1707/12:** Fürstentum Moers (oranische Erbschaften), **1707:** Grafschaft Tecklenburg durch Kauf

König Friedrich Wilhelm I. (1713–1740)
118.926 km², 2.240.000 Einwohner
1713: Hauptteil des Oberquartiers Geldern, **1720:** Teile von Vorpommern

König Friedrich II. der Große (1740–1786)
194.891 km², 5.430.000 Einwohner
1740: Schlesien, **1744:** Ostfriesland durch Erbfall, **1772:** Westpreußen (noch ohne Danzig und Thorn), Netzedistrikt, Bistum Ermland

König Friedrich Wilhelm II. (1786–1797)
305.669 km², 8.687.000 Einwohner
1791: Ansbach und Bayreuth durch Kauf, **1793:** Gebiete um Posen, Kalisch, Danzig, Thorn, **1795:** Gebiete um Warschau und Neuschlesien (Polnische Teilungen)

König Friedrich Wilhelm III. (1797–1840)
1807: 158.009 km², 1815: 278.042 km²
1807: 4.940.000 Einwohner, 1815: 10.400.000 Einwohner

1801/1803/1805: kurzfristige Verluste und Gewinne, **1807:** Verlust aller Gebiete westlich der Elbe, der meisten polnischen Teilungsgebiete. **1814/15:** Rückgewinn westpreußischer Gebiete, von Posen, dazu Schwedisch-Vorpommern, das nördliche Sachsen, Gebiete der Provinzen Rheinland und Westfalen.

König Friedrich Wilhelm IV. (1840–1861)
279.030 km², 19.600.000 Einwohner

1849: Gebiete von Hechingen und Sigmaringen (schwäbische Linie der Hohenzollern) kommen zu Preußen

König (Kaiser) Wilhelm I. (1861–1888)
352.260 km², 29.200.000 Einwohner

1866: Annexionen: Schleswig-Holstein, Hannover, Kurhessen, Nassau, Frankfurt a. M.

Freistaat Preußen (1920)
294.535 km², 36.691.000 Einwohner

1919/20: Versailler Vertrag: Preußen verliert 16% seines Staatsgebietes: den größten Teil Posens, große Teile Westpreußens, Oberschlesiens, das Memelgebiet, Eupen-Malmedy, Nordschleswig

Toleranz, die aus dem Rahmen fällt

Nur zwei Monarchen haben im 17. Jahrhundert das Prädikat „groß" erhalten: der französische Sonnenkönig Ludwig XIV., der allerdings nur im Zeitalter des Absolutismus zumindest in Frankreich als „Louis le Grand" gepriesen wurde, und Friedrich Wilhelm, der Große Kurfürst, der seinen ehrenden Beinamen bis heute behalten hat.

Beide haben die Zuschreibung von Größe ihrem kriegerischen Ruhm zu verdanken. Aber für eine lang andauernde Nachhaltigkeit dieses Attributes wie bei Friedrich Wilhelm ist wohl entscheidend, dass die Verdienste vielfältiger sind.

Die Toleranzpolitik seines Großvaters Johann Sigismunds (1572–1619) gegenüber den christlichen Konfessionen war eine Verlegenheitslösung gewesen, wenn auch mit weitreichenden Folgen. So versuchte sich der reformierte Kurfürst seit 1613 mit der lutherischen Mehrheit in seinen ostelbischen Landen zu arrangieren.

Erst mit dem Großen Kurfürsten erreicht die brandenburgische Toleranzpolitik jedoch die Qualität einer ethischen Verpflichtung, die von nun an zu den Grundlagen brandenburgisch-preußischer Herrschaft gehört. Mit seinem Toleranzedikt von 1664 verbietet Friedrich Wilhelm die bis dahin vielgeübte Praxis lutherischer und reformierter Prediger, die jeweils andere Konfession von der Kanzel herab zu verunglimpfen. Im ganzen Lande werden die Provinzbehörden auf diese Toleranz verpflichtet. Religiöse Einflussnahmen auf Bereiche der Wissenschaft unterbindet der Kurfürst, um deren Effizienz nicht zu gefährden.

Die von ihm auf Bitten der Stände gegründete Universität Duisburg (1655), die sich zu einer führenden Lehrstätte der Ideen des Rationalisten René Descartes entwickelt, gerät deshalb unter

Beschuss calvinistischer Prediger. Dann schiebt ihr Glaubensgenosse und Kurfürst dem einen Riegel vor – mit der Begründung, dass die Theologie nicht der Philosophie den Lehrstoff vorschreiben dürfe.

Auch wenn Friedrich Wilhelm Brandenburg und Hinterpommern vom Katholizismus abschirmt, zeigt seine Toleranz eine erstaunliche Spannbreite. Seinem Nachfolger legt er so in seinem Testament ans Herz, all seine Untertanen, gleichgültig welcher Religion, zu lieben. Während Calvinisten sonst bemüht sind, „abgöttische" Praktiken zu brandmarken, verschenkt der calvinistische Kurfürst Reliquien an katholische Persönlichkeiten. Beim Kaiser revanchiert sich Friedrich Wilhelm 1652 für die Gabe eines goldenen Trinkservices so mit einer Reliquie des Kreuzes Christi aus dem Reliquienbestand des Cöllner Domes.

Ungewöhnlich für seine Zeit war auch die relativ vorurteilsfreie Haltung Friedrich Wilhelms gegenüber seinen jüdischen Untertanen und sein Eintreten für ihre existenziellen Rechte. Als man im Havelland, wie vielerorts, die Ausweisung der Juden forderte, entgegnete er, „dass die Übervortheilung im Handel nicht weniger von Christen als den Juden, ja fast mit mehr Impunität (Straflosigkeit) geschehe und fortgesetzt würde." Als 1669 in Halberstadt die Synagoge bis auf den Grund zerstört wurde, rügte er die lokalen Räte scharf für ihr Beiseiteschauen und befahl ihnen, der jüdischen Gemeinde die Kosten zu erstatten.

Etwa fünfzig reiche jüdische Familien, die aus Österreich ausgewiesen wurden, ließ er 1671 in der Mark Brandenburg ansiedeln und gab ihnen – vorläufig für 20 Jahre – den Rechtsstatus der übrigen Einwohner.

Wer wollte bestreiten, dass Friedrich Wilhelm für sein Land und die eigene Politik Vorteile daraus zog? So etwa aus seiner Beziehung zum Hause Gomperz in Kleve und Emmerich. Besonders Bankier Elias Gomperz leistete ihm mit Krediten bei der Aufstellung seiner Armee wertvolle Dienste und machte ihn von den Ständen unabhängiger.

Und doch ist es mehr als nur eine Klientelbeziehung: Ein neuer Ton, eine neue Akzeptanz und Menschlichkeit sind spürbar. Mit dem großen Kurfürsten beginnt nicht nur die aktive Machtstaatspolitik, sondern auch die intensive Toleranzpolitik Brandenburg-Preußens, die viele seiner Regionen langfristig zum Zufluchtsraum verschiedenster christlicher Minderheiten werden lässt. Das zu einer Zeit, als man sonst in Europa meist nach dem Grundsatz „Ein Reich – ein Glaube" verfährt. Für Friedrich Wilhelm auch ein probates Mittel, um der Bevölkerungsarmut und dem Mangel an Fachkräften im Lande abzuhelfen.

Gegen Ende seiner Regierungszeit leitet der Große Kurfürst 1685 mit dem Edikt von Potsdam noch die Zuwanderung reformierter französischer Glaubensflüchtlinge (Hugenotten) in seine Länder ein. Ein Meilenstein brandenburgisch-preußischer Geschichte, der für die weitere Entwicklung kaum zu überschätzen ist ...

Hugenottische Weber beim Großen Kurfürsten, Stich von Daniel Chodowiecki, 1782

Idee und Magie

Was bedeutete der Königstitel für Brandenburg-Preußen? Erst einmal erhebliche Kosten.

Die brandenburgischen Stände zahlten 100.000 Taler, sämtliche Provinzen brachten zusätzlich eine „freiwillige" Kronsteuer von einer halben Million Taler auf. Es sollte an nichts gespart werden, so der Wille des fast schon königlichen Herrn. Allein jeder der mit Diamanten besetzten Knöpfe des scharlachroten Krönungskleides hatte 3000 Dukaten gekostet, die beiden großen Diamanten der Krone wurden mit 180.000 Talern bezahlt. Verständlich, dass der Neuankömmling auf der Bühne der Könige sich nicht dem Vorwurf aussetzen wollte, bei der Zurschaustellung königlicher Würde gespart zu haben.

Aber Pracht alleine tat es nicht. Anders als bei den zu Königen aufsteigenden Regenten in den Niederlanden, Hannover und Sachsen, die den Glanz altehrwürdiger Kronen von England und Polen nutzen konnten, war das preußische Königtum eine völlige Neuschöpfung. Legitimität konnte nicht allein durch prunkvolle Repräsentation und formale Anerkennungen geschaffen werden, sondern auch durch den Nachweis, dass das neue Königshaus auch die ideellen Qualitäten königlicher Herrschaft verkörpere. Seit alters her galt der König in Verbindung mit den ihm zugeschriebenen magisch-religiösen Heilswirkungen als Beschützer der Schwachen und des Landfriedens, als gerechter Richter und Förderer der Landeswohlfahrt. Diese weltlichen Verpflichtungen seines Herrscheramtes – wenn auch in der Verantwortung vor Gott – sollte Friedrich nun in einer höchst eigenwilligen Krönungszeremonie zum Ausdruck bringen.

Am 18. Januar 1701 setzte sich Kurfürst Friedrich III. im Audienzsaal des Königsberger Schlosses im Beisein der Hofgesellschaft und der Stände die neue Königskrone selbst aufs Haupt und krönte danach die Königin. Anschließend begab man sich in die

Schlosskirche, wo die beiden aus diesem Anlass eigens zu Bischöfen erhobenen Hofprediger der reformierten und lutherischen Konfession die Salbung des Königspaares vollzogen. Dies war nun nichts weniger als ein eklatanter Bruch mit dem traditionellen Ablauf christlicher Krönungen, bei denen die Salbung durch Bischöfe der Krönung voranzugehen hatte. Eine Selbstkrönung hatte der schwedische König und Lutheraner Karl XII. bereits 1697 vorgenommen, aber die Reduzierung der Amtsgeistlichkeit auf eine Nebenrolle, nachdem die eigentliche Krönung schon stattgefunden hatte, blieb in der europäischen Krönungsgeschichte für lange Zeit ein absolutes Novum. Friedrich unterstrich so seine Unabhängigkeit von Amtskirchen und beanspruchte hier – sehr modern – die ordnende Kompetenz des Staates über den Konfessionen. So spiegelt der Krönungsakt in Königsberg den Stand, den die brandenburgisch-preußische Toleranzpolitik bereits erreicht hatte.

Fast noch spannender wird die Betrachtung des Königsberger Festaktes, wenn wir einen Tag zurückblenden, auf den 17. Januar, als Friedrich den ältesten und höchsten Orden des Königreiches Preußen, den Schwarzen Adlerorden, ins Leben ruft. Seine Devise „Suum Cuique" (Jedem das Seine) ist dem antiken Philosophen Plutarch entlehnt. Der preußische Wappenadler, der in seinen Fängen Lorbeerkranz und „Donnerkeil" hält, zeige, so heißt es in den Ordensstatuten vom 18. Januar 1701, „den Endzweck Unsers Reiches und Ordens an ... nemlich Recht und Gerechtigkeit zu üben und jedweden das Seine zu geben." Diese Devise solle die „allgemeine Unpartheilichkeit" andeuten. Dass der Adler allzeit in die Sonne zu sehen pflege, drücke die erste Pflicht der Ordensritter aus, Zuversicht und Vertrauen einzig auf Gott zu setzen und so auch ihm das Seine zu geben.

Nimmt man all das zusammen, dann umschreiben diese Worte eine Art preußischer Gerechtigkeitsidee, zu der die umfassende Pflege von Recht und Wohlfahrt, christliche Verantwortung, aber auch die (religiöse) Unparteilichkeit gehört: hohe Ansprüche, die die Lücke an gewachsener Tradition und

Königlicher Glanz: Friedrich I. mit Kroninsignien und Kette des Schwarzen Adlerordens

Legitimität im neuen Königtum füllen sollten. Den Grad ihrer Einlösung hatte nun die Zukunft zu zeigen.

Nach der Krönung setzte ein schleichender Prozess ein, in dem der königliche Status, ausgehend von (Ost-)Preußen, immer mehr auch in die anderen Provinzen hineinwirkte. Der Philosoph Gottfried Wilhelm Leibniz spricht von der „magischen Wirkung des Königsnamens". Zuerst versteht sich die Armee mit ihrer persönlichen Bindung an den Landesherrn als „königlich-preußisch", dann die Beamten und schließlich weite Teile der Untertanen, für die es attraktiver scheint, einem Königreich anzugehören, als nur ihren kleineren traditionellen Herrschaften. Auch Friedrich I. spricht gelegentlich schon von seinem Königreich zwischen Kleve und Memel. Seine neue Königswürde, ursprünglich nur auf das Herzogtum Preußen im Osten seines Machtbereiches bezogen, wird schließlich zum einigenden Band, das sich um all die Besitzungen Brandenburg-Preußens schlingt.

POPULÄRER IRRTUM

Der unterschätzte Monarch

Kurfürst Friedrich III. – und als König in Preußen Friedrich I. – (1657–1713) gehört zu den verkanntesten Herrschern der preußischen Geschichte.

Sein Enkel, Friedrich der Große, schreibt über ihn: „Er verwechselte Eitelkeiten mit echter Größe ... 30.000 Untertanen opferte er in den verschiedenen Kriegen des Kaisers und der Verbündeten, um sich die Königskrone zu verschaffen. Und er begehrte sie nur deshalb so heiß, weil er seinen Hang für das Zeremonienwesen befriedigen und seinen verschwenderischen Prunk durch Scheingründe rechtfertigen wollte."

Das ungerechte Urteil des Enkels über den Großvater verdunkelt das Bild Friedrichs I. bis in unsere Tage. Tatsächlich bewegte sich Friedrich I. innerhalb der verbindlichen Rituale der europäischen Fürstenwelt, in der mit Königstiteln, kostspieligem Glanz wie mit Krieg und Kriegsruhm ganz selbstverständlich Politik gemacht wurde. Auch seine Aufwendungen für die Finanzierung des königlichen Hofbedarfs fallen nicht aus dem europäischen Rahmen.

Der Erwerb der Krone war Friedrichs ureigenes Projekt. Als er 1692 das Votum seiner Minister und Räte zu dieser Frage einholte, stieß er hier genauso auf Ablehnung wie bei seiner Gattin Sophie Charlotte (1668–1705) aus dem Haus Hannover.

Nun war der Drang zu Königskrone kein Einzelphänomen: Wilhelm von Oranien bestieg 1689 den englischen Königsthron, der sächsische Kurfürst August der Starke ließ sich 1697 zum König von Polen wählen und das Kurhaus Hannover erlangte 1714 die englische Krone. Friedrichs Chance, eine Königskrone zu gewinnen, lag in Preußen. Hier waren die brandenburgischen Kurfürsten seit dem Ende der polnischen Lehensabhängigkeit 1660 souveräne Landesherren, während sie mit ihren zum Reich

Selbstkrönung Friedrichs I. in Königsberg am 18.1.1701, Gemälde von Anton von Werner, um 1887 gehörenden Gebieten dem Kaiser unterstanden und sich in einem Geflecht von Abhängigkeiten befanden. Der Titel des neuen Monarchen konnte allerdings nur „König in Preußen" lauten, da der westliche Teil des alten Ordenslandes Preußen als Ständestaat unter der Oberhoheit des polnischen Königs stand. Die Einführung eines „Königs von Preußen" hätte dessen Rechte tangiert. Freilich reichte es nicht, sich hier einfach zum König zu proklamieren. Die Rangerhöhung musste auch in der europäischen Staatenwelt anerkannt sein. Hier gehört es zu Friedrichs Verdiensten, die Gunst der historischen Stunde erkannt zu haben.

Mit dem Anspruch Ludwigs XIV., seinen Enkel auf den spanischen Thron zu heben, löste der französische Monarch schließlich die Bildung einer breiten Gegenkoalition aus, zu der Kaiser und Reich, England und die Niederlande gehörten. Friedrich wurde zum ersten Verbündeten des Kaisers. Was Friedrich hier in die Waagschale werfen konnte, war nur seine Armee, die seit den Siegen des Großen Kurfürsten und Friedrichs eigenen Erfolgen gegen französische Truppen schon einen gewissen Ruf in Europa genoss.

Die Erfolge Friedrichs im Spanischen Erbfolgekrieg beschränkten sich nicht nur auf die Akzeptanz seines neuen Ranges, der beim Friedensschluss von Utrecht (1713) international anerkannt wurde, und die Bewährung seiner Armee. Für die Militärhilfe flossen so beträchtliche Gelder in seine Kassen und ganz entscheidend: Der neue König konnte seine „ausgeliehenen" Truppen auch für eigene machtpolitische Ziele einsetzen und damit bedeutende Gebietsgewinne für die preußische Krone vorbereiten.

Der Große Kurfürst empfängt die Hugenotten im Potsdamer Stadtschloss.
Gemälde nach Hugo Vogel, 1884

Herrschertreue Entwicklungshelfer

Ludwig XIV. streckte zwar im Rahmen seiner Ostexpansion auch die Hand nach dem Niederrhein Brandenburg-Preußens aus, sorgte aber ungewollt für einen Entwicklungsschub, der seinen Zugriff schließlich vereitelte.

Der französische Monarch hatte seine protestantischen (reformierten) Untertanen, die „Hugenotten", mit seinem Edikt von Fontainebleau (1685) faktisch zur Auswanderung gezwungen, auch wenn dieses Edikt genau das bei Todesstrafe untersagte. Da ihnen aber, wenn sie im Lande verblieben, nur die Wahl zwischen dem Übertritt zur katholischen Kirche oder einem ganzen Bündel existenzbedrohender Maßnahmen wie Berufsverbot, Beschlagnahme ihres Besitzes, Entzug von Sorgerechten oder sogar Galeerenhaft blieb, zog mehr als ein Drittel der französischen Protestanten den gefährlichen und beschwerlichen Weg in die Fremde vor. Noch im gleichen Jahr gewährte ihnen der große Kurfürst mit seinem Edikt von Potsdam Zuflucht in seinen Ländern.

Mehr als 18.000 Glaubensflüchtlinge und ihre Nachkommen lassen sich in Brandenburg-Preußen bis 1730/40 in 60 Kolonien nieder.

Der Hauptstrom der etwa 170.000 Hugenotten wandte sich allerdings den wirtschaftlich gut entwickelten Regionen der Niederlande und Englands zu. Nach Brandenburg-Preußen strebten eher die weniger Vermögenden, auch weil der Landesherr hier besondere Anreize gewährte: Zollfreiheit für alle mitgeführten beweglichen Güter und Waren, zeitlich begrenzte Steuerfreiheit und Hilfen für neue Existenzgründungen. Die „Peuplierung" (Bevölkerung) vieler immer noch an den Auszehrungen im Dreißigjährigen Krieg leidenden Regionen mit einer qualifizierten Einwanderergruppe zählte neben dem Mitgefühl gegenüber Glaubensgenossen zu den Motiven der brandenburgisch-preußischen Landesherren. Neben ihrer wirtschaftlichen Kompetenz trugen sie auch aufgeklärtes Gedankengut in adlige und bürgerliche Kreise.

Hinzu kam: Mit den Hugenotten stand ihnen eine nicht in den Regionen verankerte, besonders befähigte Personengruppe zur Verfügung, die gezielt zum Aufbau einer zentralstaatlichen Verwaltung eingesetzt werden konnte. In ihrer neuen Umgebung als fremde Minderheit mit besonderen Privilegien beneidet und angefeindet, waren sie auf den Schutz des Landesherren besonders angewiesen und ihm gegenüber zu großer Loyalität verpflichtet. Die Hugenotten qualifizierten sich quasi auch durch ihren Mangel an Integration als Verwaltungselite. Noch ein Jahrhundert nach dem Edikt von Potsdam empfanden sich die Nachkommen der hugenottischen Zuwanderer als exklusiver Personenkreis preußischer Patrioten mit einer gewissen Distanz zu den Alteingesessenen.

Auch die brandenburgisch-preußische Armee profitierte von den Neuankömmlingen. Ein Drittel ihrer Offiziere stellten die Hugenotten. Mit den neuen Lehren des französischen Festungsbaumeisters Vauban in ihrem geistigen Marschgepäck erneuerten sie die brandenburgisch-preußischen Festungen – erstmals im stark befestigten Wesel. Es diente als Sperrriegel und logistisches Zentrum für preußische und niederländische Operationen und trug entscheidend dazu bei, die französischen Truppen im Spanischen Erbfolgekrieg vom Niederrhein zu verdrängen.

Ein Revolutionär auf dem Königsthron

Arbeiter und Soldatenkönig: Friedrich Wilhelm I. in der Uniform seines Königsregimentes (Nr.6), Darstellung von Georg Wenzeslaus von Knobelsdorff, 1737

Friedrich Wilhelm I. (1688–1740) nahm vieles von dem auf, was Vater und Großvater bereits eingeleitet hatten: den Ausbau der Armee als Pfand einer souveränen Politik, die Weiterentwicklung einer zentralstaatlichen, auf den Regenten ausgerichteten Verwaltung wie auch die Verpflichtung auf Landeswohl und religiöse Toleranzpolitik. Das Ideal einer absoluten Herrschaft, dem man in Europa nachfolgte, war fraglos auch das Leitbild Friedrich Wilhelms I., der 1713 den Thron als 25-Jähriger bestieg. Aber wie er das umsetzte, war geradezu revolutionär.

Anders als barocke Monarchen seiner Zeit, die zwar die großen beeindruckenden Gesten schätzten, die Arbeit aber weitestgehend ihren Dienern überließen, sah er sich – entsprechend dem Wort Luthers vom Fürsten – als „Amtmann Gottes auf Erden". Sein Wort „Parol auf dieser Welt ist nichts als Müh und Arbeit" bringt dieses protestantische Arbeitsethos zum Ausdruck. Das forderte er von sich selbst, dann auch von Militär und Beamtenschaft und im weiteren Sinn auch von all seinen Untertanen.

Hier spielt Friedrich Wilhelms Bindung an den Pietismus eine Rolle. In anderen Staaten als sozial gefährlich unterdrückt, sahen die „Pietister" (Frömmler) den Kern des Christentums nicht in dogmatischen Systemen, sondern in persönlicher Gotteserfahrung und einer „werktätigen" Frömmigkeit. Überragenden Einfluss für die preußische Elitenbildung gewannen die Hallenser Anstalten des aus Sachsen verdrängten August Hermann Francke.

Das Offizierskorps wurde auf eine Weise zur Arbeit verpflichtet, die dem herkömmlichen adligen Selbstverständnis widersprach. Hier hatten sich die Herren von Stand nun täglich um die Ausbildung der Truppe und ihren Zustand bis in die Details zu kümmern – ein schockierender Bruch mit den sonst in Europa gepflegten Prinzipien adligen Lebensstils. Eine Legende hingegen ist, dass Friedrich Wilhelm I. 1717 die allgemeine Schulpflicht eingeführt habe. Das Edikt hielt nur bei schon bestehenden Schulen die Eltern an, ihre Kinder mit Androhung „nachdrücklicher Strafe" gegen Schulgeld unterrichten zu lassen.

Schon kurz nach Regierungsantritt setzte der neue König den Rotstift an. Die Ausgaben für den Hofstaat wurden drastisch reduziert, Beamtenpensionen und Gnadengehälter oft um mehr als die Hälfte zusammengestrichen. Friedrich Wilhelm I. vertrat eben den Grundsatz, dass Beamte, zumal die höheren, „mehr vor die Ehre, als um Besoldung" dienen sollten. Dabei wurden die Einstellungsvoraussetzungen angehoben: Der höhere Beamte hatte überwiegend in Halle und oder an einer der anderen Landesuniversitäten studiert. Soziale Abschottungen wurden durchlässig. Die Hälfte der Minister Friedrich Wilhelms I. und fünf Sechstel seiner Geheimen Finanz- und Kammerräte entstammten bürgerlichen Kreisen. Hinzu kamen Kontrollen gegen Korruption und Vetternwirtschaft sowie ein neuer Verwaltungsaufbau, der bis gegen Ende des 18. Jahrhunderts grundsätzlich beibehalten wurde.

1722/23 wurden vom König nach Anregung Fürst Leopold von Dessaus die beiden zentralen Behörden für Militär- und Finanzwesen (Kommissariat/Generalfinanzdirektorium) aufgehoben und im Generaldirektorium (so die Kurzform) vereinigt. Auch in den Provinzen setzte sich dieses Prinzip fort: Kommissariate und Amtskammern verschwanden und wurden unterhalb des Generaldirektoriums in „Kriegs- und Domänenkammern" zusammengeführt.

All diese neuen Behörden arbeiteten nach dem Prinzip der „Kollegialität": Die Entscheidungen wurden im Plenum nach „demokratischer" Abstimmung getroffen. Sämtliche Beamte hatten dann die Beschlüsse (Dekrete) zu unterzeichnen. Auf diese Weise wurde die Verantwortlichkeit jedes Einzelnen zum Ausdruck gebracht. Neben den neuen Kammern hatten in den Provinzen die unter dem Einfluss der einheimischen Stände stehenden „Regierungen" zwar weiter Bestand, wurden aber in ihren Befugnissen gerade aus diesem Grund immer mehr zugunsten der auf den König zentrierten Kammern ausgedünnt.

Die 1713 eingerichtete „Ober-Kriegs- und Domänen-Rechenkammer" prüfte sämtliche Staatsausgaben: ein Vorläufer des heutigen Bundesrechnungshofes.

Freilich brauchte die Entwicklung des Beamtenethos seine Zeit, so wie es Theodor Fontane einmal auf den Punkt gebracht hat: „Beide Könige (Friedrich Wilhelm I./Friedrich II.) nahmen einen ganz gewöhnlichen, oft einen ruppigen Kerl und sagten: Du bist nun ein Rendant oder Steuerinspektor oder Postmeister oder auch Gesandter. Alle vier, in den weitaus meisten Fällen, blieben ruppige, rohe, selbstsüchtige Subjekte, der Rang aber, der ihnen verliehen worden war …, gab ihnen eine starkes Standes- und zuletzt auch ein persönliches Selbstgefühl, das in der zweiten und dritten Generation segensreiche Frucht trug. Es war also nicht bloß ein Staatswesen, sondern, was ich höher veranschlage, eine Gruppe kluger, rechtschaffener und selbst edeldenkender Familien geboren worden. Alles bloß aus dem ‚Wichtignehmen'."

Mit all dem und einer gezielten Wirtschaftpolitik erreichte Friedrich Wilhelm I. zwei für die damalige und wohl auch für heute ungewöhnliche Zielmarken: einen ausgeglichenen Haushalt und wachsende Rücklagen. Dieser neue Kurs erreichte auch die Städte, in denen die Missstände groß waren und privilegierte Eliten oft nur den eigenen Vorteil im Auge hatten. Die leitenden Stadtbehörden, die Magistrate, wurden nun verringert und ihre neuen Mitglieder vom König ernannt oder waren zumindest von der Bestätigung des Königs abhängig. Bei der Amtseinführung hatten sie einen Eid abzulegen, der an erster Stelle die Verpflichtung auf den König, dann erst die gegenüber Stadt und Bürgerschaft festhielt.

Friedrich Wilhelms Armee (1740: 81.000 Mann) war Haushaltslast (66–69% der staatlichen Einnahmen) und Wirtschaftsmotor zugleich. Das zumindest alle zwei Jahre neu eingekleidete Heer erwies sich so als Schwungrad der Textilindustrie. Ein Erfolg, der auch andere Kunden anzieht: 1726 gelingt es, die gesamte russische Armee mit preußischen Tuchen auszustatten. Im Inland werden die massenhaft ausgemusterten, meist blauen Militärröcke weitergetragen und verändern das Gesicht der Zivilgesellschaft. Pointiert gesagt, ist die Farbe Blau nun nicht nur die der Armee, sondern die der Preußen.

POPULÄRER IRRTUM

Mehr als eine Marotte

Friedrich Wilhelm I. trug nicht umsonst den Beinamen „Soldatenkönig". Das „Königs-Regiment" mit dem Leib-Bataillon, den sprichwörtlichen „Langen Kerls", wird zur Mustereinheit des preußischen Heeres. Je größer der Soldat, um so größer die Armspannbreite und umso schneller können die Gewehrgriffe durchgeführt werden.

Dies wird der preußischen Armee später ihre taktische Überlegenheit auf dem Schlachtfeld sichern. Eine Abfolge von drei Schüssen pro Minute erreicht keine andere Armee. Trotz einiger imposanter „Prachtexemplare" wird die Größe der Langen Kerls oft überschätzt, die ab 1735 im Königsregiment meist zwischen 177 und 183 cm lag.

Mehrheitlich sind seine Soldaten nach einer Phase ausschließlich „wilder Werbung" seit 1733 Landeskinder mit bäuerlichem Hintergrund, die nach dem sogenannten Kantonreglement rekrutiert werden. Ausbildungsziel ist ein Truppeneinsatz mit der Präzision eines Uhrwerks: bestaunt und bewundert von ausländischen Militärbeobachtern.

Längst überholt ist die Vorstellung, derselbe Gutsherr habe seinen Leuten auch als Offizier gegenübergestanden und das preußische Militärsystem die Gutsherrschaft so nur noch verstärkt. Tatsächlich ist das Gegenteil der Fall: Der adlige Offizier hatte es meist mit fremden Bauern zu tun. Dem Gutsherrn des Kantonisten, der nach zwei Jahren Grundwehrdienst nur noch zwei bis drei Monate dienen musste, erwuchs im Regimentskommandeur dagegen eine zweite Autorität. Die in ihre Zivilverhältnisse heimkehrenden Soldaten unterstanden auch weiterhin dem Militärrecht. Beschwerden über die lokalen Obrigkeiten konnten nun beim

Regimentskommandeur eingelegt werden. Zum Kirchgang erschien der Kantonist in Uniform und mit angelegter Seitenwaffe. Der sichtbare Anfang eines neuen Selbstbewusstseins! Die vorher wenig geachteten Gutsuntertänigen waren nun in einer zweiten Identität Männer des Königs geworden.

Auch am bisherigen Selbstverständnis des alten Adels wird gerüttelt. Noch ist der Weg zu Offizierskarrieren bei Bewährung auch Bürgerlichen in größerem Umfang geöffnet. Dies zieht dann oft den Adel nach sich. Hier galt der Grundsatz: „Der Degen nobilitiert".

Nur einmal, im Großen Nordischen Krieg, lässt der König seine Armee in den Krieg marschieren. Nicht ohne Berechtigung ist die Vermutung, dass der vergleichsweise friedliche Soldatenkönig, der sich während der Paraden und Manöver an seiner „schönen und formidablen Armee" erfreute, davor zurückschreckte, das Objekt seiner Begierde auf Schlachtfeldern zu ruinieren.

Einer der Potsdamer Riesen: Der Ire James Kirkland, Grenadier bei den „Großen Unrangierten", war ca. 2,17 Meter groß und wurde für 7161 Reichstaler angeworben.

Salzburger in Ostpreußen

Friedrich Wilhelm I. betrieb eine intensive Zuwanderungspolitik zur Besserstellung seiner Länder. Hier handelte es sich um den Zuzug besonderer Berufsgruppen wie etwa von niederländischen Handwerkern für das „Holländische Viertel" in Potsdam oder von evangelischen Minderheiten anderer Länder mit unterschiedlicher ethnischer Herkunft.

Den regionalen Schwerpunkt der Besiedlung bildete Ostpreußen, das durch die hier 1708/09 wütende Pest einen erheblichen Teil seiner Bevölkerung verloren hatte. Im Nordosten Ostpreußens, für den der König als Kammerbezirk die Bezeichnung „Preußisch Lithauen" einführte, belief sich die Zahl der Pestopfer sogar auf etwa drei Viertel der Gesamtbevölkerung.

Als Zentrale für den Wiederaufbau und die Wiederbesiedlung bezog 1736 die Litauische Kriegs- und Domänenkammer ihren Sitz in Gumbinnen. Die Mehrzahl der einige Zehntausend umfassenden Neusiedler in dieser Region waren protestantische Litauer, die der Rekatholisierung in Polen-Litauen entgehen wollten. Teilweise hielten sich Gottesdienste in Ostpreußen in litauischer Sprache noch bis ins 20. Jahrhundert.

Als eine geschlossene Großgruppe ganz eigener Art stechen die evangelischen Salzburger hervor, die Fürsterzbischof Graf Firmian von Salzburg 1731/32 wegen ihres Glaubens wegen vertrieb: immerhin ein Aderlass von einem Drittel seiner Untertanen (ca. 20.000).

Die Mehrheit von ihnen hatte einen außergewöhnlich langen Reiseweg zurückzulegen. Die Aufnahme von etwa 15.000 Salzburgern, die der König in Preußisch Litauen ansetzte, war ihm ein ausgesprochenes Herzensanliegen. Er empfing sie persönlich, sang Choräle mit ihnen, stellte befriedigt ihre Kenntnisse von Luthers Kleinem Katechismus fest und gab das Versprechen ab: „Kinder, ihr sollt es gut haben." Eine Zusage, die der König einhielt.

Die häufig anzutreffende Annahme, dass es sich bei den Salzburgern um mittellose Glaubensflüchtlinge gehandelt habe, muss allerdings eingeschränkt werden: Ein größerer Teil brachte Barvermögen in die neue Heimat ein und ca. 60 Familien konnten sogar Güter vom Landesherrn kaufen. Hinzu kamen Entschädigungen, die der Salzburger Fürsterzbischof schließlich per Reichsrecht zu zahlen hatte.

Mit den Geldern, bei denen die Berechtigten nicht mehr vorhanden oder ermittelt werden konnten, gründete Friedrich Wilhelm I. 1740 das Salzburger Hospital in Gumbinnen, das bis zum Ende des Zweiten Weltkriegs von den Salzburger Familien selbst verwaltet wurde (bis heute fortgeführt in Bielefeld).

Das Schicksal der Salzburger wurde reichsweit und auch darüber hinaus mit großer Aufmerksamkeit verfolgt. Bei ihrem Durchzug begrüßte man sie in den protestantischen Gebieten mit Glockengeläut und Festgottesdiensten. Lieder und Kupferstiche ließen an den Auszug des Volkes Israel aus Ägypten denken und priesen Friedrich Wilhelm I. als Retter der Salzburger. Der preußische König hatte sich nun den Ruf als Beschützer der Evangelischen im Reich erworben.

Willkommenskultur: Friedrich Wilhelm I. empfängt Salzburger Flüchtlinge mit offenen Armen.

POPULÄRER IRRTUM

Nicht nur ein Familiendrama

Weit verbreitet ist die Vorstellung einer klaren Rollenverteilung in diesem dramatischen Konflikt: Auf der einen Seite der Vater als tyrannischer Wüterich und auf der anderen der von ihm gequälte, schöngeistige Thronfolger Friedrich (1712–1786). Doch trügt dieses Schwarz-Weiß-Bild, dem Friedrichs Lieblingsschwester und Vertraute Wilhelmine (1709–1758, seit 1731 Markgräfin von Bayreuth) in ihren leider unzuverlässigen Memoiren die entscheidenden Konturen verliehen hat.

Der Vater, den die Sorge um den Erhalt seines Lebenswerkes umtreibt, unterwirft den Tagesablauf des jungen Kronprinzen einem strengen Regelwerk. Anzahl und Länge der Gebete, der Unterrichtsplan, die Art des Händewaschens und der Ausübung des Glaubens, fast nichts wird dem Zufall überlassen. Und immer wieder soll der Prinz geschwind und hurtig sein Tagewerk verrichten. Versuche seines Erziehers, des Hugenotten Jacques Égide Duhan de Jandun, dem Prinzen das Los zu erleichtern, laufen oft ins Leere.

Friedrich hält dagegen und baut sich seine eigene kleine Welt der Freundschaften, Künste, Literatur und des Flötenspiels auf. Den kleinen Dienst, mit dem sein Vater Preußen groß machen will, verabscheut der Prinz, passt sich oberflächlich an, um insgeheim über den König und seine Prinzipien zu triumphieren. Ein Meister der Verstellungskunst, den der Vater, der sich zu Demütigungen und Züchtigungen des Sohnes hinreißen lässt, freilich durchschaut.

Weiter aufgeladen wird dieser Konflikt durch einen politischen Dissens zwischen König und Königin. Das Projekt einer Doppelheirat zwischen ihrem Sohn Fritz mit der englischen Prinzessin Amalie und ihrer Tochter Wilhelmine mit Friedrich Ludwig, seit 1727 Prince of Wales, verfolgt sie energisch trotz der Ablehnung des Königs weiter.

Trost nach den Demütigungen durch den Vater fand Fritz im Kreise seiner höfischen Umgebung und seiner Gardeoffiziere. Friedrichs erster Vertrauter, der bei der Fluchtplanung des Kronprinzen mitwirkte, war der königliche Page Peter Karl Christoph von Keith. Nach dessen Strafversetzung auf die Festung Wesel (1730) scheint Hans Hermann von Katte in der Gunst des Kronprinzen an die erste Stelle gerückt zu sein. Katte stand als Leutnant in der hochrangigsten preußischen Kavallerieeinheit, den Gens d'Armes. Die Truppe war aus dem Personal der 1713 aufgelösten Palastgarden des ersten Königs aufgestellt worden und etwas vom Glanz der früheren Königsherrlichkeit und des alten Adelsstolzes ruhte noch auf dieser Einheit.

Nicht nur bei Katte, sondern auch bei anderen Vertrauten des Prinzen sprechen die Indizien dafür, dass sich in seinem Umfeld gerade Vertreter des preußischen Adels einfanden, die das neue Dienst- und Pflichtmodell Friedrich Wilhelms I. ablehnten oder noch nicht internalisiert hatten. Damit wurde der Konflikt zwischen König und Kronprinz politisch aufgeladen. Ohne die cholerischen Züge Friedrich Wilhelms leugnen zu wollen, ist doch sicher, dass der König hier sein Lebenswerk bedroht und sich zu besonderer Härte verpflichtet sah.

Friedrichs Fluchtversuch auf einer Reise des preußischen Hofes nach Süddeutschland (5. August 1730) scheitert in Steinsfurt bei Sinsheim. Nur Keith gelingt es, von Wesel nach Den Haag und von dort mit Hilfe des englischen Gesandten nach London zu entkommen. Dies war auch die geplante Reiseroute für Fritz und Katte gewesen. Doch es kam anders: Auf der Rückreise der preußischen Reisegesellschaft lässt der König den Kronprinzen in Wesel inhaftieren und verhört ihn persönlich (12. August 1730). Durch die offensichtlichen Lügen Friedrichs in Rage gebracht, schlägt er ihn mit dem Stock ins Gesicht und entreißt ihm den Degen. Die von Wilhelmine überlieferte Geschichte des mutigen Dazwischentretens des Weseler Festungsgouverneurs ist (leider) Legende. Friedrich gesteht an diesem Tag die Mitwisserschaft Kattes und dessen Desertionsbereitschaft ein und der König erlässt noch am Abend den Haftbefehl gegen ihn.

Im Oktober 1730 fällt das Kriegsgericht in Köpenick das Urteil über Katte. Der Vorsitzende Achaz von der Schulenburg gibt mit seiner Entscheidung für lebenslange Festungshaft den Ausschlag. Standhaft weigert er sich trotz der Intervention des Königs seine Entscheidung zu revidieren und gibt damit ein Beispiel preußischen Ungehorsams, um Gerechtigkeit zu üben. Daraufhin nimmt der König sein Recht als Gerichtsherr wahr und verschärft das Urteil auf die Todesstrafe. Eine Festungshaft für Katte hätte, das war Friedrich Wilhelm klar, nach dem Regierungsantritt Friedrichs wohl ein baldiges Ende gefunden.

Am 6. November 1730 wird Katte in Küstrin mit dem Schwert enthauptet. Bei der Verlesung des Urteils lässt der König ihm mitteilen, dass es ihm leidtäte, aber es sei besser, „dass er stürbe, als dass die Justiz aus der Welt käme."

War das nun Unrecht, Barbarei, vielleicht sogar Zynismus? – Tatsache ist, dass die preußischen Kriegsartikel bereits bei „Desertionskomplotten", also schon bei Verabredungen einer Desertion, die Todesstrafe verhängten. Dieser Tatbestand war beiKatte gegeben. Die Botschaft Friedrich Wilhelms an Katte, dass es ihm leidtäte, hätte der König übrigens nicht aussenden müssen. Sie war durchaus ehrlich gemeint und zeigt einmal mehr die innere Zerrissenheit des Monarchen. Das Urteil sollte ein Signal sein: sowohl für den Adel als auch für den in Küstrin inhaftierten Kronprinzen.

Nicht nur die Uniformen sind fantastisch.
Bild einer Legende: König, Kronprinz
und General von der Mosel
beim Verhör in Wesel 1730

Friedrich Wilhelm I. zieht den Degen gegen seinen Sohn.

AHA!

Friedrich „der Einzige"

Friedrich II. wurde von Zeitgenossen und Nachfahren nicht nur mit dem Prädikat historischer Größe, sondern auch der Einzigartigkeit bedacht. Unter allen Herrscherpersönlichkeiten seiner Zeit bildete er eine Ausnahmeerscheinung mit seinem unablässigen persönlichen Einsatz im Dienst an seinem Staat und in seinen Kriegen.

Zu dieser Ausnahmestellung gehörten auch Friedrichs intellektuelle Brillanz, die Anzahl seiner Schriften sowie der rege Austausch mit den geistigen Größen seiner Zeit. Hinzu kommt seine außergewöhnliche musikalische Begabung. Die Flöte, die ihn auch auf seinen Feldzügen begleitet, spielt er virtuos. Friedrichs erhaltene Kompositionen umfassen 121 Flötensonaten, mehrere Sinfonien und Konzerte sowie etliche Opernarien und Märsche. Hinzu kommen Opernlibretti, wie der Text für Carl Heinrich Grauns Oper „Montezuma" (1755).

Die anfängliche, oft zur Schau getragene Empörung über Friedrichs Einfall in Schlesien 1740 oder die Besetzung Sachsens 1756 ist bei Abschluss des Siebenjährigen Krieges einer weitgehenden Bewunderung in Deutschland und Europa gewichen. Wieso? Es war der Zusammenhang zwischen dem Durchstehen eines Kampfes gegen eine erdrückende Übermacht und dahinterstehenden Tugenden, der hier wahrgenommen wurde: Friedrichs

Schlacht bei Zorndorf 1758: Friedrich versucht, zurückweichende Infanterie zum Stehen zu bringen. General von Seydlitz rettet aus eigener Initiative mit einer Kavallerieattacke die Lage.

Seelenstärke nach den Niederlagen, die persönliche Anwesenheit bei seinen Soldaten, seine Tapferkeit, mit der er sich immer wieder den Gefahren im Gefecht aussetzte, Agilität, Angriffsgeist und überlegene militärische Führung.

Der berühmte französische Aufklärer Denis Diderot schreibt so in seiner „Enzyklopädie" (1765 im Artikel „La Prusse"): „Kaum hatte er den Thron bestiegen, so machte er sich unsterblich durch sein Gesetzbuch ... und den Schutz, den er den Künsten und Wissenschaften gewährte, in denen er selbst Hervorragendes leistete ... Zugleich (ist er) der Gesetzgeber, der Verteidiger, der Feldherr, der Leiter der Wirtschaft und der Philosoph seines Volkes, so bildet er das Wunder des 18. Jahrhunderts ... unerschütterlich im Unglück, hat er selbst denen, die auf seinen Untergang hinarbeiten, Achtung und Bewunderung abgenötigt. Die Nachwelt ... wird ihm unter den Größten einen Platz anweisen".

Friedrichs Sieg bei Roßbach 1757 gegen numerisch weit überlegene Truppen Frankreichs und die sogenannte Reichsarmee vermittelt dem deutschen Patriotismus des 18. Jahrhunderts starke Impulse. So war auch der junge Goethe in Frankfurt „fritzisch gesinnt", aber nicht preußisch. Friedrich galt hier als deutscher Held.

Auf die erdrückende Übermacht und Zerstörungspläne seiner Gegner im Siebenjährigen Krieg, die seine Herrschaftsgebiete auf den Status vor dem Dreißigjährigen Krieg reduziert hätten, reagiert Friedrich mit höchster Leistungs- und Opferbereitschaft, die er von sich selbst fordert, aber auch von Offizierskorps und

Armee. Seine Appelle und Befehle an die Offiziere fordern den unbedingten Angriffsgeist, den Willen zum Sieg, koste es was es wolle: „Wir müssen den Feind schlagen oder uns vor seinen Batterien begraben lassen", so in seiner charismatischen Ansprache an höhere Offiziere vor dem Sieg bei Leuthen (1757) gegen eine annähernd doppelt so starke österreichische Streitmacht. Dieser Angriffsgeist, wie auch die „ambition", Außerordentliches zu leisten, werden bei ihm zum Kern des preußischen Ehrbegriffs für seine Offiziere: „Denkt Euch als Preußen".

Der König fordert die Ausnahme, die er selbst verkörpert, auch von seinen Offizieren. Im Gefecht haben sie in exponierter Stellung ohne Rücksicht ihr Leben einzusetzen und Haltung zu bewahren. So sind die Verluste in seinem adligen Offizierskorps extrem hoch. Aber dieser Angriffsgeist entspricht der Staatsräson. Die preußische Armee kann sich bei den Ressourcen seiner Gegner keinen hinhaltenden Krieg leisten, hat sich möglichst rasch zu schlagen, wo immer ihr König es für vertretbar hält.

Mehr als dreißig preußische Generäle fallen in diesem Krieg, ganze Adelsfamilien bluten aus. Doch dieser Angriffs- und Opfergeist hat Erfolg und nötigt den Feinden Respekt ab. Das Vorbild des friderizianischen Offiziers wird das Selbstverständnis des preußischen Offizierskorps bis ins 20. Jahrhundert bestimmen.

1762 trat eine Wende ein, die als „Mirakel Preußens" in die Geschichte eingegangen ist. Friedrichs Gegnerin Zarin Elisabeth verstarb und ihr Neffe Peter III., ein schwärmerischer Bewunderer des preußischen Königs, wechselte die Seiten. Auch nach seiner Ermordung blieb es beim Austritt Russlands aus der antipreußischen Koalition. Sicher eine Entlastung für Friedrich, aber doch nicht die letzte Karte, die er ausspielen konnte: Seine Kriegswirtschaft lief bis zum Schluss erstaunlich gut: auch dank der Ausplünderung Sachsens. Für den anschließenden Frieden waren wesentlich enorme finanzielle Verluste und Kriegsmüdigkeit der Gegner sowie Seelenstärke und überlegene Kriegführung Friedrichs verantwortlich. Das eigentliche Mirakel war er selbst.

Toleranz und Aufklärung

Mit dem Regierungsantritt Friedrichs II. am 31. Mai 1740 wird eine neue Ära staatlicher Toleranz- und Rechtspolitik eingeläutet. Bereits am vierten Tag nach seiner Inthronisation schafft er die Folter weitestgehend ab. Die noch beibehaltenen Ausnahmen bei Hoch- und Landesverrat und bei besonders abscheulichen Morden werden dann 1755 beseitigt.

Auch das barbarische „Säcken" bei Kindstötung, das Reißen mit glühenden Zangen und das Abtrennen von Gliedmaßen wird vom jungen König untersagt. Noch in den Juni 1740 fallen seine bekanntesten Sätze zur Religions-, Bevölkerungs- und Pressepolitik. Die Anfrage des Magistrates von Frankfurt a. d. Oder, ob ein katholischer italienischer Kaufmann dort das Bürgerrecht erhalten solle, beschied der König mit den Worten: „Alle Religionen sind gleich und gut, wenn nur die Leute, die sie professieren (ausüben), ehrliche Leute sind und wenn Türken und Heiden kämen und wollten das Land pöblieren (bevölkern), so wollen wir sie Moscheen und Kirchen bauen."

Das Geistliche Departement erhielt zu katholischen Schulfragen die Direktive: „Die Religionen müssen alle toleriert werden und muss der Fiscal (Vertreter der Staatsgewalt) nur das Auge darauf haben, das keine der anderen Abbruch tue, denn hier muss ein jeder nach seiner Fasson (Weise) selig werden."

Zum Zeitungswesen verkündete er: „Gazetten, wenn sie interessant sein sollen, dürfen nicht geniert werden" – eine Devise, die aber nur für den nichtpolitischen Teil der Presseorgane galt.

Der spottende Unterton des neuen Regenten ist nicht zu überhören: Jeder soll nach seiner „Fasson" selig werden. Der schon in seiner Jugend durch Religionskritiker der Aufklärung, besonders durch Voltaire, geprägte König hielt religiöse Dogmen, welcher Art auch immer, für Relikte dunkler Zeitalter, erkannte aber ihren Wert für den Staat. Dabei bezweifelte Friedrich nicht die Existenz Gottes, sah aber den wahren Kern der Religion in der Humanität.

Mit Friedrich beginnt die intellektuelle Auseinandersetzung über Preußen als eine Art Modellstaat. Im Gegensatz zu anderen europäischen Monarchien, bei denen die „Krone" den Vorrang besitzt, wird bei ihm der „Staat" an erste Stelle gesetzt. Alle Maßnahmen der Staatsverwaltung, so Friedrich in seinem politischen Testament von 1752, müssten demselben Ziele zustreben, „nämlich der Stärkung des Staates und der Vergrößerung seiner Macht." Die Herrscher dürfen sich nicht durch ein träges oder wollüstiges Leben ihrer Pflicht entziehen „an der edlen Aufgabe zu arbeiten, das Glück ihrer Völker zu erstreben … Der Herrscher ist der erste Diener seines Staates".

Das Wort vom Fürsten als erstem Diener seines Staates ist in Friedrichs Werken mehrfach überliefert, wobei der Begriff des „Dieners" unterschiedliche Einfärbungen besitzt und bis zum „domestique" reicht: eine Formulierung, die die absolute Unterordnung unter das Staatsinteresse besonders betont.

Die Berlinische Monatsschrift bildete das Hauptorgan der preußischen Aufklärung und zählte zu ihren Mitarbeitern auch den jüdischen Philosophen Moses Mendelssohn, dem der durch antisemitische Vorurteile geprägte Friedrich jedoch die Aufnahme in die Akademie der Wissenschaften verwehrte. In der Berliner Aufklärung ging man nun deutlich über die Haltung Friedrichs hinaus, so in der Frage der Gleichberechtigung der Juden, die der preußische Kriegsrat Christian Wilhelm von Dohm 1781 in seiner grundlegenden Abhandlung „Über die bürgerliche Verbesserung der Juden" verfocht.

All dies scheint die Auffassung des wohl bedeutendsten Vertreters des geistigen Preußen im 18. Jahrhundert, Immanuel Kant, zu bestätigen. 1784 spricht er in seiner Antwort auf die Frage der Berlinischen Monatsschrift „Was ist Aufklärung?" vom Zeitalter der Aufklärung als „dem Jahrhundert Friederichs". Dieser sage (bezogen auf Religion und Gewissen), was eine Republik nicht zu

Der große Denker seiner Zeit: Immanuel Kant, Gemälde von Gottlieb Doepler, 1791

sagen wage: „Räsoniert, soviel ihr wollt und worüber ihr wollt; nur gehorcht." Diese Freiheit, von seiner eigenen Vernunft öffentlich Gebrauch zu machen, entwickle im Menschen nach und nach auch die Fähigkeit für die Freiheit zu handeln, breite sich auch außerhalb der ihr gesetzten Grenzen aus. Aufklärung bedeute „den Ausgang des Menschen aus seiner selbstverschuldeten Unmündigkeit."

Wie weit diese Meinungsfreiheit in das öffentliche Klima Berlins hineinreichte, konnte der Reiseschriftsteller John Moore bei seinem Besuch 1775 feststellen: „Nichts erstaunte mich mehr, als ich zum ersten Mal nach Berlin kam, als die Freiheit, mit der viele Menschen über die Regierung sprachen, und über das Verhalten des Königs. Ich habe gehört, wie politische Themen und andere, die ich für noch viel heikler gehalten hätte, hier mit ebensowenig Aufhebens diskutiert wurden wie in einem Londoner Kaffeehaus. Dieselbe Freiheit tritt in den Buchläden zutage, wo literarische Produkte aller Art offen verkauft werden."

POPULÄRER IRRTUM

Menschenrechte

Oft wird Preußen mit der Unterwerfung unter eine starre Pflichtethik in Verbindung gebracht, in der das Glück der Menschen keinen Platz habe. Das Hauptwerk im Geist der friderizianischen Aufklärung spricht allerdings eine andere Sprache.

In der Zeit, in der Menschenrechte in der amerikanischen Unabhängigkeitserklärung (1776), den Bill of Rights der amerikanischen Verfassung (1789) und der Erklärung der Menschen- und Bürgerrechte in Frankreich (1789) von Volksvertretungen deklariert werden, entsteht in Preußen das „Allgemeine Landrecht für die Preußischen Staaten" (ALR). 1780 von Friedrich dem Großen angeordnet, wurde es weitgehend vom schlesischen Justizbeamten Karl Gottlieb Svarez erarbeitet. Zwischen 1783 bis 1788 breit in der Öffentlichkeit diskutiert und in der Gesetzeskommission der Stände beraten, trat es 1794 in Kraft. Es ist ein Codex der friderizianischen Aufklärung und im gewissen Sinn der preußische (und deutsche) Beitrag zur zeitgenössischen Menschenrechtsdebatte.

Der scharfsinnige Analyst der Demokratie in Amerika (1835/40), Alexis de Tocqueville (1805–1859) bezeichnete das ALR „als eine wahre Verfassung im eigentlichen Sinn des Wortes." Es beruhe auf allgemeinen Prinzipien, die in vielfacher Hinsicht denjenigen ähnlich seien, die in der Erklärung der Menschenrechte der französischen Verfassung von 1791 zu finden seien.

Auch das ALR geht vom Grundrecht privater Glückseligkeit aus und betont „die natürliche Freiheit, sein eigenes Wohl, ohne Kränkung des Rechts eines Andern, suchen und befördern zu können". Svarez hebt in der Einleitung zum endgültigen Entwurf des ALR das Recht des Einzelmenschen hervor, seine Fähigkeiten zu entwickeln und all seine naturgegebenen Qualitäten auf der Suche nach seinem Glück zu entwickeln. Die prinzipiellen Erklärungen sichern die Religions- und Gewissensfreiheit im ALR sogar umfassender ab als in den genannten Deklarationen.

Zu diesen im ALR niedergelegten Grundrechten gehören u.a. folgende Grundsätze:

- Die Gesetze binden alle Mitglieder des Staates ohne Unterschied des Standes, Ranges und Geschlechts (Gleichheit vor dem Gesetz).
- Jeder Einwohner des Staates ist Schutz für seine Person und sein Vermögen zu fordern berechtigt.
- Die Begriffe der Einwohner des Staates von Gott und göttlichen Dingen, der Glaube und der innere Gottesdienst können kein Gegenstand von Zwangsgesetzen sein.
- Jedem Einwohner im Staat muss eine vollkommene Glaubens- und Gewissensfreiheit gestattet werden.
- Niemand soll wegen seiner Religionsmeinungen beunruhigt, zur Rechenschaft gezogen, verspottet oder gar verfolgt werden.

Allerdings ist das Bild widersprüchlich. Gegenüber den Provinzial- und Gewohnheitsrechten galt das ALR im 18. Jahrhundert nur als zweitrangig. Auch behielt es ständische Vorrechte im Rechtswesen bei und erklärte, dass Rechte des Menschen auch abhängig seien von Geburt und Stand. Gleichzeitig scheint aber auch schon die Idee der Rechtsgleichheit auf und werden rechtliche Auseinandersetzungen zwischen König und Untertanen an Gerichte überwiesen. Richter konnten nun nur durch richterliche Verfügung entlassen werden.

Das ALR war bewusst in einer klaren und verständlichen Sprache abgefasst, um der Bevölkerung den Zugang zu erleichtern. Noch heute finden sich im deutschen Zivilrecht Formulierungen, die auf das preußische ALR zurückgehen.

Freundschaft mit Unterbrechung

Seit 1736 stand man miteinander in Briefwechsel: Friedrich und Francois-Marie Arouet Voltaire – angeknüpft vom preußischen Kronprinzen und in der Hoffnung, die Leuchte der europäischen Aufklärung dereinst an seinen Hof zu ziehen. Ihr erstes Treffen fand vom 11.–14. September 1740, kurz nach Friedrichs Regierungsantritt, auf Schloss Moyland im Klevischen statt.

Intellektuelle Freundschaft: Voltaire und Friedrich

Beide überschlugen sich danach im Lob des jeweils anderen. Voltaire etwa pries den jungen König als einen der „liebenswürdigsten Menschen der Welt", als einen „Philosophen ohne Strenge, erfüllt von Güte, zuvorkommendem Wesen und Anmut."

Wenig später traf man sich auf Schloss Rheinsberg, und 1750 folgte Voltaire, der inzwischen in Paris per Haftbefehl gesucht wurde, dem Drängen Friedrichs, nach Potsdam überzusiedeln. Sein königlicher Gönner verlieh ihm den Orden Pour le Mérite und den Kammerherrenschlüssel, gab ihm einen Ehrensold von 5000 Talern jährlich und stellte ihm eine Wohnung im Potsdamer Stadtschloss bereit. Voltaires Gegenleistung bestand in der Übernahme einer Doppelrolle als intellektueller Gesellschafter des Königs und Korrektor seiner literarischen Werke. Keine schwerwiegenden Verpflichtungen also, die dem französischen Gast umfangreiche eigene Arbeiten gestatteten.

Bald zeigten sich jedoch Sprünge im Einvernehmen von König und Philosoph. In Voltaires Herzen nagte der Zweifel an der Freundschaft Friedrichs. Der Arzt und Philosoph La Mettrie, der ebenfalls zur Tafelrunde von Sanssouci gehörte, hinterbrachte ihm das angeblich von Friedrich auf ihn gemünzte Wort: „Man presst die Zitrone aus und wirft die Schale weg."

Tatsächlich zog sich Voltaire schließlich den Unwillen des Königs wegen anrüchiger Spekulationsgeschäfte zu und, was mehr ins Gewicht fiel, wegen seiner öffentlichen Verhöhnung des Akademiepräsidenten de Maupertuis sogar die königliche Ungnade. Zunächst versicherte Voltaire dem König zwar, die ätzende Satire auf seinen Landsmann Maupertuis unveröffentlicht zu lassen, hielt sich aber nicht daran. Die erste in Potsdam veröffentliche Ausgabe ließ Friedrich einziehen, die zweite im Ausland erschienene öffentlich auf den Straßen Berlins verbrennen. Voltaire, dessen Kräfte es wohl überstieg, eine gelungene Satire nicht zu publizieren, hatte den Bogen damit überspannt. Sein etwa drei Jahre dauerndes Gastspiel war damit beendet.

Kammerherrenschlüssel und Pour le Mérite hatte er zurückzugeben, ebenso einen Band mit wenig diplomatischen privaten Gedichten Friedrichs, den er allerdings vorerst nicht aushändigte. Das sollte ihm 1753 auf seiner Rückreise zum Verhängnis werden. Auf Intervention Preußens wurde er in der Reichsstadt Frankfurt in Arrest genommen, da er den delikaten Band nicht vorweisen konnte. Erst drei Wochen später erlöste ihn sein über Hamburg nachkommendes Gepäck, in dem man das Bändchen fand, aus dieser prekären Situation.

Vier Jahre später korrespondieren beide wieder regelmäßig miteinander. Nach dem Tod Voltaires lässt es sich Friedrich nicht nehmen, seine Verdienste in einem Nekrolog vor der Akademie der Wissenschaften zu würdigen. Zwei Geister, die sich anzogen, abstießen und doch nicht voneinander lassen konnten.

Ungehorsam und Ehre

Österreichische und russische Truppen wagten im Herbst des Jahres 1760 einen Vorstoß auf Berlin, legten der Stadt finanzielle Lasten auf, zogen sich aber eilends wieder zurück, als das Gerücht auftauchte, der König würde heranmarschieren.

Obwohl sich die unbequemen Gäste eher zivilisiert verhielten, kam es doch zur Plünderung der Schlösser Charlottenburg und Schönhausen. In Charlottenburg zerschlugen die Marodeure eine kostbare Antikensammlung, die Friedrich für eine hohe Summe von Kardinal Polignac erworben hatte. Friedrichs Antwort ließ nicht lange auf sich warten: Im Januar 1761 erteilte er dem Obristen Johann Friedrich Adolph von der Marwitz den Befehl, das sächsische Jagdschloss Hubertusburg zu plündern. Nun war Marwitz „ein feiner und gebildeter Weltmann, ein Freund der Literatur und Kunst", wie Fontane sagt, und verfügte über ein starkes altadliges Selbstbewusstsein. So führte Marwitz den Befehl des Königs nicht aus, mit folgender Begründung: „weil sich dies allenfalls für Offiziere eines Freibataillons schicken würde, nicht aber für den Kommandeur von seiner Majestät Gens d'armes."

Friedrich betraute daraufhin den aus hugenottischer Familie stammenden Kommandeur eines Freibataillons, Karl Theophil Guichard, gen. Quintus Icilius, mit dieser Aufgabe. Die Ablehnung des von der Marwitz brachte dem mit dem Pour le Mérite ausgezeichneten, tapferen Offizier vorerst die Ungnade des Königs ein. Als Friedrich 1768 die Chefstelle bei den Gens d' armes dem General von Krusemark übertrug, reichte der gekränkte von der Marwitz seinen Abschied ein. Bis heute sind auf seinem Gedenkstein in der Barockkirche zu Friedersdorf die Worte zu lesen: „... sah Friedrichs Heldenzeit und kämpfte mit ihm in allen seinen Kriegen, wählte Ungnade, wo Gehorsam nicht Ehre brachte."

Der Ort des berühmten von der Marwitz-Gedenksteins: Schloss Friedersdorf

Allerdings blieb von der Marwitz doch ein gewisses Wohlwollen des Königs erhalten, der ihm den Abschied mit gnädigen Worten erteilte und ihn für die Jahre 1778/79 kurzzeitig reaktivierte. In dieser Zeit erhielt von der Marwitz noch die Beförderung zum Generalmajor.

Die Geschichte Johann Friedrich Adolph von der Marwitz', der sich ähnliche hinzufügen ließen, steht für eine Ehrauffassung im preußischen Offizierskorps, nichtstandesgemäße oder unmoralische Befehle nicht auszuführen. Das Verhalten des Königs unterstreicht dabei doch ein gewisses Verständnis der Krone für entsprechende Verhaltensweisen. Erst in den Massenheeren und totalitären Vereinnahmungen des 20. Jahrhunderts verlor sich diese Tradition weitgehend. Im militärischen Widerstand gegen Hitler lebte dieses Bewusstsein fort.

Ein Hund namens Hasenfuß

Friedrich in Begleitung seiner Hunde war und ist ein beliebtes Motiv der künstlerischen Darstellung. Johann Gottfried Schadow zeigt in seiner Figurengruppe den König als Spaziergänger in Sanssouci, die Kanonenstiefel umspielt von seinen Hunden. Schadow vergaß nicht, sie auf ihren Halsbändern mit ihren Namen als Friedrichs Lieblingshunde Alcmene und Hasenfuß auszuweisen.

Friedrichs Hundegeschichte beginnt 1744 mit dem Geschenk der Hündin Biche durch seinen vertrauten General und Diplomaten Friedrich Rudolf von Rothenburg. Panduren überfielen im Folgejahr das preußische Lager während der Schlacht bei Soor, eroberten hier die Bagage, darunter das Gepäck des Königs und nahmen auch Biche als Kriegsbeute mit. In den nachfolgenden Verhandlungen bestand die preußische Seite auf der Rückgabe der Hündin. Bei ihrer Rückkehr wurde sie von Friedrich mit Tränen begrüßt.

Dem König fiel es schwer, auf die Gesellschaft seiner Hunde zu verzichten. Sie begleiteten ihn bei Ausritten, ins Manöver, zeitweise auch in den Krieg. Seine Windspiele, eine kleine italienische Variante der Windhunde, waren die schnellsten Zwerghunde der Welt. Sie genossen auf Schloss Sanssouci größtmögliche Freiheit, durften auf Sesseln und Kanapees herumtollen und Lieblingshunde sogar in seinem Bett schlafen. Als Goethe 1778 Sanssouci besuchte, staunte er über die „Verwüstungen", die Friedrichs Windspiele bei Sesselbezügen und Vorhängen angerichtet hatten. Friedrich sprach seine Hunde mit „Sie" an und fütterte sie bei seinen oft ausgedehnten Mahlzeiten mit besonderen Fleischstückchen von seiner Tafel – nicht ohne die ausgewählten Leckerbissen vorher auf die Tischdecke zum Abkühlen gelegt zu haben.

Sanssouci, von seinem Baumeister Georg Wenzeslaus von Knobelsdorff 1745–47 nach Friedrichs Skizzen errichtet, war ein

Schlösschen intimen Charakters, das auf eine unzeremonielle Lebensführung zwischen Natur- und Kunstgenüssen ausgerichtet war. Es bildet den krönenden Abschluss eines terrassenförmig angelegten Weinbergs, den Friedrich mit Pflaumen-, Kirsch- Feigen- und Aprikosenbäumen sowie Weinstöcken aus Portugal, Italien und Frankreich bepflanzen ließ. Sanssouci war ein Ort der Freiheit: seiner persönlichen und der seiner Hunde. Der Park stand ihnen als Revier zur Verfügung. Auch im Neuen Palais, das Friedrich nach dem Siebenjährigen Krieg errichten ließ, existierte eine „Hundekammer", von der aus die Windspiele in den Park gelangen konnten.

Elf seiner Windspiele fanden ihre letzte Ruhe neben dem Grab ihres Herrn auf der Schlossterrasse Sanssoucis. Alle mit eigenem Grabstein, auf dem der Besucher bis heute ihre (zum Teil doppelt vergebenen) Namen lesen kann: Alcmene, Thisbe, Diane, Hillis, Thisbe, Alcmene, Biche, Diane, Pax, Superbe (oder Hasenfuß) und Amourette.

Friedrich mit seinen Windspielen Alcmene und Hasenfuß.
Nach Johann Gottfried Schadows Modell von 1816

König in und König von

1772 vollzogen Russland, Preußen und Österreich die sogenannte Erste Polnische Teilung, die dem preußischen Staat mit Westpreußen, bzw. dem „Preußen königlich-polnischen Anteils" (noch ohne Danzig und Thorn), dem Netzedistrikt und dem Ermland eine geschlossene Landverbindung von Pommern nach Ostpreußen einbrachte.

Zarin Katharina die Große griff seit Jahren immer stärker in die zu einem Satelliten herabgestufte polnische Adelsrepublik ein und hatte selbst bereits als Kronprinzessin 1760 in ihren „Apercus" Teilungspläne erwogen. Der preußische König war nach dem Siebenjährigen Krieg, in dem russische Truppen sich als seine hartnäckigsten Gegner erwiesen hatten, nach Kräften darum bemüht, ein einvernehmliches Verhältnis mit Russland herzustellen (Bündnis mit Russland 1764). Als sich die Gefahr für Preußen abzeichnete – verschärft durch den türkisch-russischen Krieg – als Kriegspartei in den russisch-österreichischen Konflikt hineingezogen zu werden, schlug Friedrich die Teilung vor, um mit einem Gewinn für alle Teilungsmächte die angespannte Lage zu beruhigen, in der Preußen als schwächstes Glied hätte zerrieben werden können. Sicher hatte er dabei auch im Auge, mit dem Zugewinn der westpreußischen Landbrücke einer preußischen Staatsräson zu folgen. Der aktive Einstieg in die Teilung Polen-Litauens war faktisch allerdings schon erfolgt: Russland hielt schon beinah zwei Drittel seiner Gebiete besetzt und Österreich seit 1769 das Gebiet der Zips (Slowakei/Kleinpolen).

Während an Russland und Österreich jeweils etwa zwei Fünftel des Teilungsgebietes fielen, erhielt Preußen ein Fünftel. Sein Anteil übertraf an wirtschaftlicher Bedeutung die übrigen Teilungsgebiete. Mit dem unteren Weichselgebiet kontrollierte Preußen etwa vier Fünftel des polnischen Exports. In Westpreußen begünstigte der immer noch starke deutsche Bevölkerungsanteil (ca. 50%) die Integration.

Für die polnisch-kaschubische Landbevölkerung besserten sich die Lebensverhältnisse mit der Aufhebung der Leibeigenschaft durch Friedrich den Großen 1772/73 beträchtlich. Eine Kabinettsordre vom 31. Januar 1773 führte den Namen „Westpreußen" für die neue Provinz ein. Preußens Könige nannten sich seit der Vereinigung Ost- und Westpreußens nicht mehr König „in", sondern ausschließlich König „von" Preußen. Friedrich widmete sich der Entwicklung der neuen Provinz, die er als sein Kanada bezeichnete, mit besonderer Energie. So wurden Bodenkultur, Rechtspflege und allgemeines Schulwesen stark verbessert.

Erst die vollkommene staatliche Auslöschung Polens in der Zweiten und Dritten Polnischen Teilung 1793/95 durch die gleichen drei Mächte war ein im 18. Jahrhundert bespielloser Akt, der dem völkerrechtlichen Denken jener Zeit und den sich entwickelnden Ideen von Nation und Nationalstaat widersprach.

Die Erste Teilung Polens 1772: Zarin Katharina II. (daneben ihr Günstling Stanislaus II. August, König von Polen), Joseph II. von Österreich und Friedrich II. von Preußen markieren auf der Landkarte ihr Teilungsgebiet.

Preußen. Eine Zeitreise

Preußische Vorgeschichte: Die unterlegenen baltischen Prussen geben dem Staat des Deutschen Ordens den Namen und verschmelzen mit den deutschen Einwanderern zum Neustamm der Preußen. Nach Kriegen mit Polen-Litauen: 1466 Abtretung großer Gebiete im Westen: selbständiger Ständestaat unter Oberhoheit des Königs von Polen. Der Restordensstaat wird 1525 durch Albrecht von Brandenburg-Ansbach als Lehensmann des polnischen Königs in ein weltliches Herzogtum umgewandelt: erster evangelischer Staat der Welt.

1415 Friedrich VI. von Hohenzollern wird Markgraf und Kurfürst von Brandenburg.

1613 Kurfürst Johann Sigismund tritt zum reformierten Glauben über. Arrangement mit den meist lutherischen Untertanen durch allgemeine christliche Glaubenstoleranz.

1618 Johann Sigismund erbt das Herzogtum Preußen (von nun an: Brandenburg-Preußen).

1660 Friede von Oliva: Ende der polnischen Lehenshoheit.

1675 Sieg bei Fehrbellin über die Schweden. Welle eines deutschen Patriotismus. Im Elsass erscheint das „Lied des Großen Kurfürsten".

1685 Edikt von Potsdam: Asyl für die Hugenotten.

1694 Gründung der Universität Halle: Zentrum der Frühaufklärung.

1700/01 Gründung der Akademie der Wissenschaften in Berlin.

Kriminalkollegien kontrollieren die ständischen Gerichte.	**1717**
Zentralisierung: Generaldirektorium und Kriegs- und Domänenkammern.	**1722/23**
Eintritt in den höheren Staatsdienst nach Studium in Halle. Franckesche Anstalten.	**1720er Jahre**
Kantonreglement: geordnete Rekrutierung der Armee.	**1733**
Einfall Friedrichs II. in Schlesien. Drei Schlesische Kriege: Der Siebenjährige (1756–63) gegen Österreich, Frankreich, Russland (bis 1761), Schweden u.a. Schlesien verbleibt bei Preußen.	**1740–1763**
Wiederaufbau. Friedrich wird als „Alter Fritz" populär. 280.000 neue Kolonisten.	**Ab 1763**
Drei Polnische Teilungen.	**1772/93/95**
Gründung der Kunstakademie (1790), der Bauakademie (1799) in Berlin: Ausformung eines preußischen Klassizismus.	**1790er Jahre**
Einführung des Allgemeinen Landrechts.	**1794**
Preußen wird für linksrheinische Verluste mit Kirchenbesitz entschädigt.	**1801/03**
Friede zu Tilsit, Steinsche Aufhebung der Erbuntertänigkeit und Städtereform, Heeresreform, Gewerbefreiheit, Gründung der Universität Berlin.	**1807–1812**
Edikt über die „bürgerliche Verfassung der Juden": stellt Juden wirtschaftlich und rechtlich gleich.	**1812**
Landsturmedikt, Allgemeine Wehrpflicht, Befreiungskriege, Wiener Kongress, Verfassungsversprechen des Königs.	**1813/15**

	1817	„Evangelische Kirche der Union" von Reformierten und Lutheranern (freiwillige Bekenntnisunion).
	1818	Abschaffung der preußischen Binnenzölle.
	1819	Restriktive Karlsbader Beschlüsse des Deutschen Bundes auch in Preußen Gesetz.
	1820er Jahre	Einführung von Provinzialständen, Pensionsberechtigung für Beamte.
	1837	Kölner Kirchenstreit um die Frage konfessioneller Mischehen.
	1842	Grundsteinlegung zum Weiterbau des Kölner Domes durch Friedrich Wilhelm IV.
	1848	Märzrevolution.
	1850	Verfassung mit Dreiklassenwahlrecht nach rheinischer Gemeindeordnung von 1845.
	1860–1866	Heeres- und Verfassungskonflikt.
	1861	Rittergutsbesitzer verlieren Grundsteuerfreiheit.
	1864	Krieg Österreichs und Preußens gegen Dänemark.
	1866	Im Deutschen Krieg gegen Österreich u. Verbündete: Auflösung des Deutschen Bundes. Annexionen Preußens.
	1869	Gesetz des Norddeutschen Bund (gegr. 1867): völlige konfessionelle Gleichberechtigung (auch der Juden).
	1870/71	Deutsch-Französischer Krieg. Proklamation Wilhelms I. in Versailles zum „Deutscher Kaiser" (18.1.1871). Verfassung des

Kaiserreiches weitestgehend die des Norddeutschen Bundes. Abtretung Elsass-Lothringens an das Deutsche Reich.	
Kulturkampf, Obligatorische Zivilehe, Sozialistengesetz, Berliner Kongress.	1870er Jahre
Bismarcksches Bündnissystem, Ziel: Isolierung Frankreichs, Bismarcksche Sozialgesetzgebung, Kolonien in Afrika und Südsee.	1873–1887
Dreikaiserjahr: Tod Wilhelms I., Tod Friedrichs III. nach 99 Tagen. Thronbesteigung Wilhelms II. (bis 1918).	1888
Bergarbeiterstreik an der Ruhr.	1889
Entlassung Bismarcks; Arbeiterschutzgesetzgebung.	1890
38,4% der preußischen Bevölkerung in Gemeinden unter 2000 Einwohnern (Rheinprovinz: 20,7%).	1910
Durchschnittliches Jahreseinkommen in Preußen: Verdoppelung seit 1871 auf 671 Goldmark.	1911
SPD stärkste Fraktion im Reichstag mit 27,7% der Mandate.	1912
Erster Weltkrieg/Versailler Vertrag.	1914–1918/19
Freistaat Preußen. Zwischen 1919 und 1932/33: 6 Kabinette der „Weimarer Koalition" (SPD, Zentrum, DDP), Gründung pädagogischer Akademien, Vermögensausgleich mit dem Haus Hohenzollern mit großer Landtagsmehrheit, Aufhebung der öffentlich-rechtlichen Gutsbezirke.	1920er Jahre
„Preußenschlag" beseitigt faktisch die Selbständigkeit Preußens.	1932

Früher Aufstieg des Ruhrgebiets

Mit Friedrichs Wirtschaftsförderung schlug Preußen den Weg zum Industriestaat ein. Zwar sanken die preußischen Gebiete westlich der Weser (Geldern, Moers, Kleve, Mark) nach der Eroberung Schlesiens zu Nebenlanden herab. Trotzdem waren die Steuereinnahmen aus der entwickelten Gewerbelandschaft in Preußens Westen beträchtlich.

Damit dies so blieb, akzeptierte Friedrich hier sogar größere Spielräume von Ständen und Unternehmern als in seinen Kerngebieten.

Weniger bekannt ist, dass Friedrich der Große mit der Schiffbarmachung der Ruhr einen wichtigen Baustein für die spätere Entwicklung des Ruhrgebiets zum bedeutendsten Industriezentrum Europas lieferte. Allerdings waren hierfür zahlreiche Hürden zu nehmen: Die Ruhr wurde zwischen Wetter und Ruhrort häufig durch Mühlenwehren (Schlachten) blockiert, was ein ebenso häufiges Umladen der Steinkohlefracht erforderlich machte, zu Qualitätseinbußen führte und den Transport verteuerte. Hier sollten 16 Schleusen abhelfen, die zwischen Langschede bei Unna bis zur Rheinmündung bei Ruhrort angelegt wurden. 1773 konnte sich Preußen mit seinen vier Nachbarstaaten an der Ruhr verständigen, deren Zustimmung erforderlich war. Unter der Aufsicht des Generaldirektoriums führten die Kriegs- und Domänenkammer in Kleve und ihre Kammerdeputation in Hamm den Schleusenbau bis 1780 durch.

Schon bald hatten diese Maßnahmen einen bedeutenden wirtschaftlichen Aufschwung der Grafschaft Mark zur Folge. Besonders die Steinkohle, aber auch märkische Metallwaren und Salz erreichten nun schneller und kostengünstiger den Rhein, um von hier aus in die Niederlande und die südlichen Rheingebiete verschifft zu werden. Die Industrialisierung des 19. Jahrhunderts konnte später darauf aufbauen.

Einer der wichtigsten Entwicklungshelfer für den Bergbau im Ruhrgebiet während des ausgehenden 18. Jahrhunderts war Heinrich Friedrich Karl Reichsfreiherr vom und zum Stein. Noch unter Friedrich dem Großen als Referendar im Berg- und Hüttendepartement angestellt (1780), bewährte sich der junge Mann so sehr, dass ihm mit 27 Jahren die Leitung des Bergwesens in der Grafschaft Mark mit Amtssitz in Wetter an der Ruhr (1784) übertragen wurde. Auf der Grundlage der Bergordnung für Kleve, Moers und Mark (1766) nahm der Staat die volle Betriebsführung wahr und räumte den Eigentümern nur Mitspracherechte ein. Für den Freiherrn vom Stein ideale Voraussetzungen zur beruflichen Selbstverwirklichung.

Stein initiierte so die Verwendung der ersten atmosphärischen Dampfmaschine im Ruhrbergbau und entwickelte den Ruhrschleusenbau weiter.

In Anerkennung seiner ungewöhnlichen Leistungen wurden ihm 1792 sämtliche westfälischen Bergämter übertragen und sein Amtssitz in Wetter zum Oberbergamt „erhöht". Nicht von ungefähr rückten die beiden Bergbauregionen Westfalen und Schlesien Ende des 18. Jahrhunderts von ihren Erträgen her an die Spitze sämtlicher preußischer Provinzen.

Stein hatte aber auch ein offenes Ohr für regionale Interessen und war bereit zu Kompromissen. So gelang es ihm, die Selbstverwaltung der Knappschaften mit dem Ersatz der staatlichen Ernennung der Knappschaftsältesten durch die Wahl der Bergleute zu stärken.

Als sich im 19. Jahrhundert der Bergbau unter dem staatlichen Direktionsrecht (später Inspektionsrecht) explosionsartig erweiterte, war es nicht überraschend, dass viele der neuen Zechen Namen mit preußischen Bezügen erhielten: u.a. Zollern, Minister Stein (beide Dortmund), Zollverein (Essen), Prinz Regent (Bochum), Friedrich der Große (Herne), Graf Bismarck (Gelsenkirchen), Auguste Victoria (Marl). Als „Auguste Victoria", das zweitletzte aktive Steinkohlebergwerk des Ruhrgebiets, Ende 2015 seine Tore für immer schloss, wanderte ihr Wahrzeichen, eine lebensgroße Bronzestatue der letzten deutschen Kaiserin, wenig später in die Marler Fußgängerzone, wo sie sich, mit Blick auf „ihre" alte Schachtanlagen, unter die flanierenden Besucher zu mischen scheint.

Ehemalige Zeche Auguste Victoria in Marl-Hüls

Bildungsoffensive

Preußen war nach dem Frieden von Tilsit 1807 faktisch bankrott, sein Staatsgebiet auf die Hälfte geschrumpft, das Land ausgeplündert und politisch von der Gnade oder Ungnade Napoleons abhängig. Trotz dieser Misere entscheidet sich die Staatsspitze eine kostspielige Bildungsoffensive einzuleiten, die bei den Universitäten und dem höheren Schulwesen einsetzt und schließlich bis zum Elementarschulwesen reicht.

In der preußischen Reformbürokratie hatten sich viele Kräfte eingefunden, die durch den Geist der Aufklärung Friedrichs des Großen angezogen worden waren. Viele von ihnen waren ursprünglich Nichtpreußen: wie Stein (Nassau), Hardenberg (Hannover-Lüneburg), Scharnhorst (Schaumburg-Lippe), und Gneisenau (Thüringen-Sachsen).

In ihnen wirkte häufig ein humanistischer Idealismus, der auf Selbstvervollkommnung, aber auch auf höhere Ziele wie den Dienst am Gemeinwohl und die Idee der Nation gerichtet war. Nach dem Gelehrten und preußischen Staatsmann Wilhelm von Humboldt etwa war die eigentliche Aufgabe des Menschen die Entwicklung der Individualität: höchste Bildung der menschlichen Kräfte zu einem Ganzen.

Durch die Gewaltpolitik Napoleons gegen Preußen bestärkt, trat daneben immer mehr die Nation als Bezugspunkt hinzu. Hier galt als Erziehungsziel, ein nationales Bewusstsein zu entwickeln, das sich durch gemeinsame Sprache, gemeinsames Herkommen und eine historisch begründete Kultur definierte.

Der ostpreußische Theologe, Philosoph und Sprachforscher Johann Gottfried Herder legte hierfür wichtige Grundlagen. Dieses nationale Ganze war nach Herder mehr als die Summe seiner Teile, bildete gleichsam eine höhere Individualität, die für den Einzelnen ein geistiges Lebenselement darstelle. Pflege der je eigenen Nationalkultur also als eine Art höheres Menschenrecht.

Einen nationalen Tunnelblick verabscheute er und gestand allen Völkern ihre eigene nationale Individualität zu, von der man untereinander lernen solle: „Offenbar ist die Anlage der Natur, dass wie ein Mensch, so auch ein Geschlecht, als auch ein Volk, von und mit dem anderen lerne ... bis alle endlich die schwere Lektion gefasst haben: kein Volk ist ein von Gott einzig auserwähltes Volk der Erde." Herder wird u.a. mit seinen Volksliedersammlungen, die er als „Stimme der Völker in Liedern" auffasste, einen besonders starken Einfluss auf die slawischen Länder ausüben.

Erziehung und Bildung waren jetzt die Losungsworte für eine künftige Befreiung Preußens. Obwohl man bestenfalls auf mittelfristige oder nur langfristige Erfolge setzen konnte, brachte dieser am wirtschaftlichen Abgrund stehende Staat die Kraft auf, sich hier finanziell in ganz außerordentlichem Maße zu engagieren. Geistige Ressourcen sollten ersetzen, was an materiellen Ressourcen verloren war.

Stein holte Wilhelm von Humboldt 1809 nach Königsberg. Hier zum Sektionschef für Kultus und Unterricht im Ministerium des Innern ernannt, legte Humboldt einen Plan für einen neuen Typ von Universität vor, der sich schließlich weltweit durchsetzte. Die neuen Hochschulen sollten die wesentlichen Wissenschaftszweige vereinen und die Freiheit und Einheit von Forschung und Lehre verkörpern. Das alte einseitige Nützlichkeitsprinzip des Universitätsstudiums wurde abgelehnt. An dessen Stelle trat nun das Ideal einer an der Antike ausgerichteten individuellen Vervollkommnung.

Der König unterstützte das Projekt nachhaltig. Nach dem Modell der 1810 in Berlin gegründeten Universität wurden die Provinzuniversitäten Königsberg und Breslau reformiert und 1818 die Universität in Bonn errichtet. Bei dem Anspruch, möglichst die ersten Männer jeden Fachs zu gewinnen, wurden häufig hohe Gehälter vereinbart.

Aber Humboldts Plan für das Bildungswesen reichte noch weiter und war in die Stufenfolge von Elementarschule, Gymnasium und Universität gegliedert. 1809/10 waren bereits 91 Schulen zu Gymnasien reformiert. Das schon 1788 eingeführte „Abitur" wurde jedoch erst 1834 verpflichtend für den Universitätszugang.

Auf Staatskosten ließ man 1809 angehende Volksschullehrer in die Schweiz reisen, um sie vom berühmten Pädagogen Johann Heinrich Pestalozzi unterrichten zu lassen. Bis 1840 werden dann 46 Lehrerseminare entstehen, die für die Besetzung von 27.000 Lehrerstellen in den Volksschulen sorgten.

Bei der Alphabetisierung der Bevölkerung und damit einer massenwirksamen Basisbildung wird Preußen das ganze 19. Jahrhundert hindurch im internationalen Maßstab eine Vorreiterrolle einnehmen. 1907 kann „Meyers Großes Konversationslexikon" für alle Bildungssektoren festhalten, dass Preußen für Unterrichtszwecke mehr ausgebe als alle anderen europäischen Länder.

Sie setzten neue Bildungsmaßstäbe: Christian Peter Wilhelm Beuth (Gründer des Gewerbeinstitutes Berlin) und Wilhelm von Humboldt

„Als Poesie gut"

Als die preußische Regierung im Sommer 1811 befürchtete, dass Napoleon ihr Staatsgebiet unter den Rheinbundstaaten aufteilen würde, entwarf der Militärreformer Gneisenau wie schon 1808/09 den Plan eines allgemeinen Volksaufstandes.

Damals hatte der von den Reformern protegierte Freikorpsführer Ferdinand von Schill ohne königlichen Befehl vergeblich versucht, den Aufstand im Königreich Westfalen auszulösen und fiel in Stralsund. Selbst einen 1812 durch die Niederlage in Russland stark geschwächten Napoleon niederzuwerfen, erforderte 1813/14 den vollen Einsatz der russischen Militärmacht in einer größeren Koalition. Erst jetzt war auch das Bündel der preußischen Heeresreform mit der Einführung der Allgemeinen Wehrpflicht abgeschlossen.

Der König zeigte sich so auch 1811 äußerst skeptisch. Gegen eine moderne Armee auf der anderen Seite könne dies wenig ausrichten. Gneisenaus Erwartung, dass Staat und Volk dann zu einer unlöslichen Einheit zusammenwachsen würden, kommentierte der nüchterne Monarch mit den Worten: „Als Poesie gut." Gneisenau, den dies sichtlich wurmte, erwiderte: „Auf Poesie ist die Sicherheit der Throne gegründet."

Nach der Vernichtung von Napoleons Russlandarmee vereinbarte der Kommandeur des preußischen Korps Hans David von York (seit 1814 Graf York von Wartenburg) am 30.12.1812 ohne Befehl des Königs in Tauroggen ein Neutralitätsabkommen mit dem russischen General Diebitsch: vermittelt durch den ehemals preußischen und nunmehr russischen Offizier Carl von Clausewitz. Ohne Befehl des Königs zwar, aber doch nicht ganz auf eigene Faust: Die ostpreußischen Landstände stimmten der Konvention noch vor der Unterzeichnung zu. Umgehend reiste der bisher von St. Petersburg aus für den Widerstand wirkende

Freiherr vom Stein als russischer Kriegskommissar für Ost- und Westpreußen nach Königsberg und ließ im Februar einen Landtag einberufen. York gab bekannt, seine Truppen nicht nur neutral zu halten, sondern sich zusammen mit der Mobilisierung der Landwehr, die der Landtag dann beschloss, an der Befreiung Ostpreußens zu beteiligen: auch dies alles noch ohne den König.

Ein bemerkenswerter Mut zum Ungehorsam! Dies ist das Fanal zur Auslösung der Befreiungskriege, das auch nach Schlesien übergreift und noch im Februar den König in Breslau mitreißen wird.

Mit inzwischen reformierten Linientruppen und der Einberufung von Landwehr, freiwilligen Jägerformationen und Freikorps setzt Preußen die allgemeine Wehrpflicht um: als einziger Staat in Europa, während man sich in anderen Ländern der Dienstpflicht noch durch Stellvertretung und Geldzahlung entziehen kann. Dem Aufruf zur freiwilligen Meldung folgten zwischen 1813 und 1815 Vertreter aller Bevölkerungskreise. Tatsächlich war die Abschüttelung der französischen Herrschaft und Ausplünderung ein breites Anliegen, das alle Volkskreise durchzog.

Nach den Siegen von Blüchers Schlesischer Armee in den Befreiungskriegen wird der Schlusspunkt 1815 gesetzt: das rechtzeitige Eingreifen preußischer Truppen auf dem Schlachtfeld von Waterloo. Wesentlich das Verdienst von Blüchers Stabschef Gneisenau!

Als preuß'sche Truppen nach der Schlacht den Wagen Napoleons erbeuten und sich hier unter den Pretiosen auch der ihm verliehene preußische Schwarze Adlerorden auffindet, entscheidet der König, den Ordensstern in würdigere Hände zu geben. Von nun an wird Gneisenau, der Napoleons Stern endgültig zum Sinken brachte, den preußischen Ordensstern Napoleons tragen.

Königin der Herzen

Johann Gottfried Schadows berühmtes Doppelstandbild der Prinzessinnen Luise und Friederike von Preußen (Mod. 1795) zeigt die Schwiegertöchter des regierenden Königs Friedrich Wilhelm II. (1786–1797) in antikisierender Tracht und vollendeter Anmut.

Die Darstellung des hochadligen Schwesternpaares, darunter eine zukünftige preußische Königin, unter völligem Verzicht auf irgendwelche Standessymbolik wurde zu einer Ikone des aufgeklärten Bürgertums in Preußen. Hier, wie auch in der eher bescheidenen bürgerlich anmutenden Lebensführung des späteren Königspaares, Friedrich Wilhelm III. (1770–1840) und Luise (1776–1810) aus dem Haus Mecklenburg-Strelitz, sah man den Anbruch einer neuen Zeit. Die schon durchlässigen Schranken zwischen Adel und Bürgertum, so hoffte man, würden noch weiter fallen. Die Art Luises, ihr Halstuch zu tragen, wurde zur allgemeinen Modeerscheinung, und der Romantiker Novalis verkündete 1798, dass Ähnlichkeit mit der Königin zum „Charakterzug der neupreußischen Frauen, ihr Nationalzug" werden solle.

Luises Gemahl pflegte nicht nur einen bürgerlich wirkenden Lebensstil. Reformansätze wie die Bauernbefreiung auf den Staatsdomänen in Ost- und Westpreußen wurden in seiner Regierungszeit vor 1806 durchgeführt und die Ländereien den

Doppelstandbild der Prinzessinnen in der Orangerie im Potsdamer Neuen Garten (1997)

Bauern als Eigentum übergeben. 1798 gab Friedrich Wilhelm die Weisung heraus, auch den Adel in Zukunft zur Grundsteuer heranzuziehen. Allein: All dies blieb Stückwerk und konnte den lenkenden Willen und die fehlende Tatkraft des Königs nicht ersetzen.

Nach der Niederlage gegen Napoleon 1806/07 und mehr noch durch ihren frühen Tod mit 34 Jahren wurde die Königin dann zur Personifikation ihres leidenden Landes und zur an seinem Schicksal leidenden Symbolfigur. Luise starb 1810 auf Schloss Hohenzieritz (Mecklenburg-Vorpommern) an einer Lungenentzündung – in den Armen ihres Mannes. Das Geschwulst, das die Ärzte in ihrem Herzen entdeckten, sei, so die Oberhofmeisterin Gräfin Voß in ihrem Tagebuch, die Folge ihres anhaltend großen Kummers.

Die letzte posthume Reise der Königin bis zur Aufbahrung im Berliner Dom vollzog sich unter beeindruckender Anteilnahme der Bevölkerung. Vor dem Hintergrund der bedrückenden französischen Herrschaft und der selbst empfundenen Not bewegte Leben und Sterben Luises ihre Landsleute wie nie zuvor bei einer preußischen Regentin. Ihre letzte Ruhe fand die Königin im Mausoleum des Charlottenburger Schlossparkes mit dem beeindruckendem Grabmonument Christian Daniel Rauchs.

Auch die Flucht des Hofes mit der an Typhus erkrankten Königin nach Memel und ihre rückhaltlose Bereitschaft sich auf eine Unterredung mit Napoleon in Tilsit einzulassen, um bessere Friedensbedingungen (freilich ohne Erfolg) zu erlangen, gehörten zum Kanon ihrer populär vermittelten Lebensstationen.

Doch Luise war nicht nur die liebevolle Stütze ihres Mannes in jenen Jahren der Not, sondern übte auch politischen Einfluss aus. Bei der Wiederberufung Steins als leitendem Minister 1807 hatte sie nach beiden Seiten – gegenüber Stein und dem König – die Wege geebnet. Ihre Sympathien lagen auf Seiten der radikalen preußischen Patrioten und ihrer Widerstandspläne.

Zu Beginn der Befreiungskriege gegen Napoleon wird Friedrich Wilhelm die Stiftungsurkunde des Eisernen Kreuzes auf den 10. März 1813, den Geburtstag Luises, datieren. In diesem Ehrenzeichen, so die intendierte Botschaft, sollten sich Wunsch und

Wirken Luises für die Befreiung Preußens widerspiegeln. Mit der Stiftung sorgte Friedrich Wilhelm für eine Art Demokratisierung im preußischen Ordenswesen. Sieht man vom Großkreuz ab, trugen einfache Soldaten und Offiziere hier nun die gleichen Auszeichnungen. Ein völliges Novum in Preußen, das hier für eine standesübergreifende Kultur der Ehre stand, die nun nicht nur den Eliten, sondern auch dem Volk zugebilligt wurde.

1815 besucht Friedrich Wilhelm Hohenzieritz und lässt das Eiserne Kreuz, das er selbst in den Kriegsjahren trug, in den Steinsockel ihrer Büste im Schlosspark einmauern. Alles in allem wird man hier von einer unangemessenen Instrumentalisierung nicht sprechen können.

POPULÄRER IRRTUM
Preußische Romantik?

Im Allgemeinen wird Preußen nicht mit Romantik in Verbindung gebracht. Denkt man bei Preußen an nüchterne Sachorientierung, an Staat und Militär, so bei der Romantik an Subjektivität, Gefühlsüberschwang, Innerlichkeit, Wundergläubigkeit, vielleicht auch Verschrobenheit. Tatsächlich gab es aber seit Ende des 18. Jahrhunderts eine breite romantische Bewegung, die den preußischen Kernlandschaften östlich der Elbe zuzuordnen ist und bald, gefördert durch die Berliner Universitätsgründung 1810, ihr Zentrum in der preußischen Hauptstadt fand.

Im Mittelpunkt der frühen Berliner Romantik steht Ludwig Tieck, der 1797 das erste deutsche Kunstmärchen schreibt. Clemens von Brentano, Achim von Arnim aus altem brandenburgischem Adelsgeschlecht und seine Frau Bettina werden von ihm stark beeinflusst. Sie alle sind um die Hebung der Schätze altdeutschen Volksgutes bemüht, das sich in Liedern, Sagen und Märchen widerspiegelt. Adelbert von Chamisso, Friedrich de la Motte Fouqué, beide anfangs preußische Offiziere mit französischem Hintergrund, und viele weitere gehören dazu. Obwohl diese preußische Romantik Einflüsse aus allen deutschen Kulturlandschaften aufnimmt, ist sie ein durchaus eigenständiges ostdeutsches Phänomen, zu dessen Vertretern auch E. T. A. Hoffmann aus Königsberg und Joseph von Eichendorff aus Oberschlesien gehören. Der preußische Justizbeamte Hoffmann erreicht mit seinen Werken einer abgründigen Schauerromantik und seiner romantischen Ironie eine europäische Breitenwirkung wie kein anderer deutscher Schriftsteller – nicht einmal Goethe. Eichendorff, ebenfalls im preußischen Justizdienst, diente in den Befreiungskriegen als Jäger im Lützowschen Freikorps und Landwehroffizier. Auch der aus pommerscher Adelsfamilie stammende Heinrich von Kleist gehört in diesen Kreis. Bis 1900 stellen die Kleists allein 22 preußische Generale! Der junge Kleist ist für eine klassische Offizierslaufbahn vorgesehen, quittiert aber den Dienst als Leutnant, um zu studieren. Dem zeitüblichen Drill kann er wenig abgewinnen („So viel Offiziere – so viel Exerziermeister, so viel Soldaten – so viel Sklaven."). Später tritt Kleist vorübergehend in den Verwaltungsdienst ein, ohne auch hier recht Fuß zu fassen. Was ihm aus dieser Zeit für sein literarisches Werk bleibt, ist die Sprache der Akten: Den preußischen Nominalstil mit seinen Schachtelsätzen formt er künstlerisch um, haucht ihm Spannung und steigende Erregung ein. Preußische Bezüge finden sich in vielen seiner Werke.

Der „Prinz von Homburg" ist sein letztes Drama (1809/10), sicher sein reifstes Werk, und entsteht vor dem Hintergrund des ohne königlichen Befehl agierenden Freikorpsführers Schill und dessen Missbilligung durch den König.

Kleist macht aus Homburg einen schlafwandelnden jungen Prinzen, der in der Schlacht von Fehrbellin gegen die Schweden (1675) den Haltebefehl des Großen Kurfürsten überhört, dann doch davon erfährt, ihn aber im Vertrauen auf seine traumhafte Vision und die Stimme seines Herzens missachtet, die brandenburgische Reiterei an den Feind führt und siegt.

Ohne Zweifel verkörpert Kleists „Prinz von Homburg" die Ideale der preußischen Militärreformer, die neben der Befehlsgewalt des Königs auch Eigenmächtigkeiten und Ungehorsam in Ausnahmefällen für legitim hielten und eine neue, von nationalen Idealen geleitete (bürgerliche) Individualität im Sinn hatten. Als Wunschbild eines weisen, ausgleichenden Landesvaters erscheint in Kleists Drama der Kurfürst, der dieser neuen Individualität Rechnung trägt, den Prinzen als moralische Persönlichkeit würdigt, ihm selbst die Entscheidung über sein Schicksal überlässt und auch seine Offiziere bei dieser Entscheidungsfindung miteinbezieht.

Kleists Vision ist die eines ganzheitlichen Menschen, der sein irrationales träumerisches Potenzial nicht verdrängt, sondern annimmt und ihm auch eine leitende Funktion zubilligt. Ein eminenter romantischer Gedanke!

Erst 1885 nahm sich die Familie Kleist, die sich lange Zeit schwer mit dem Freitod ihres Außenseiters (1811) getan hatte, seiner Grabstätte am Kleinen Wannsee an. 100 Jahre nach Kleists Tod ehrte sie den Dichter mit Kranz und Grabschleife, auf der zu lesen stand: „Dem Besten ihres Geschlechts".

Doppelgrab am Kleinen Wannsee: seit 2003/11 auch für Henriette Vogel, die hier mit Kleist in den Tod ging

POPULÄRER IRRTUM

Die Kunst des Kompromisses

Entgegen der im Rheinland gepflegten Legende einer „Verpreußungspolitik" kam Preußen rheinischen Wünschen durchaus entgegen, wenngleich das Verfassungsversprechen des preußischen Königs bei der Übernahme der Herrschaft am Rhein lange Zeit nicht erfüllt wurde.

Ein neues Kapitel der Beziehungen Preußens zu seinen Westgebieten wurde mit dem Wiener Kongress 1814/15 aufgeschlagen: Preußen erhielt statt des gewünschten Königreiches Sachsen auf Druck der internationalen Diplomatie und Vorschlag des französischen Gesandten Talleyrand weitreichende Gebiete in Rheinland und Westfalen zugewiesen. Die starke Militärmacht Preußen hatte nun zur Sicherung der neuen internationalen Ordnung die Wacht am Rhein gegen künftige französische Expansionsgelüste zu beziehen.

Nun stellte sich die Frage der Integration nach der napoleonischen Herrschaft viel drängender als in den vorangegangenen Jahrhunderten. Im Gegensatz zu den nach 1807 preußisch gebliebenen Gebieten, die faktisch von Napoleon ausgeplündert wurden, hatten die linksrheinischen und an Frankreich abgetretenen Gebiete einen beachtlichen wirtschaftlichen Aufschwung erfahren. Hiervon profitierten allerdings in erster Linie bürgerliche Eliten.

Im französischen Rheinland galt der Code Napoleon mit seinen fünf Gesetzbüchern. Hier wusste man das fortschrittliche französische Recht zu schätzen, das die standesunabhängige Gleichheit der Bürger vor dem Gesetz festlegte, die verbindliche Öffentlichkeit und Mündlichkeit des Gerichtsverfahrens und die Beteiligung von Laien an der Strafrechtspflege in Form von Geschworenengerichten. Anfangs schloss das die jüdischen Bürger mit ein, deren Gleichberechtigung aber durch Napoleons „Schändliches Dekret" 1808 aufgehoben wurde.

Eine gestiegene Steuerlast und der hohe Blutzoll, den rheinische Soldaten auf den Schlachtfeldern Napoleons erbringen mussten, sorgten in den letzten Jahren französischer Herrschaft für einen Stimmungsumschwung in der Bevölkerung:

Während Preußen nach der Franzosenherrschaft in seinen altpreußischen rechtsrheinischen Gebieten das Allgemeine Landrecht wiedereinführte, beließ man es in den linksrheinischen und bergischen Landesteilen vorerst beim französischen Recht, das der Rheinländer nun als „sein" Rheinisches Recht bezeichnete. Preußische Gegenstimmen betonten gerne, das Interesse der Rheinländer an dieser Rechtsform sei vor allem darauf zurückzuführen, dass die französische Gesetzgebung den Ehebruch des Mannes nicht ahnde, sofern er außerhalb der ehelichen Wohnung stattfinde, und auch keine Alimentenpflicht für uneheliche Väter kenne: was zumindest rein faktisch nicht zu bestreiten ist.

Entgegen dem Ansinnen seines Justizministers, das Allgemeine Landrecht Preußens flächendeckend im Rheinland einzuführen, verfügte der vorsichtige König 1816 die Bildung einer Justizkommission mit Sitz in Köln, die sich dieser Rechtsfragen im Rheinland annehmen sollte. Unter dem Vorsitz eines Spezialisten für das französische Recht, dem aus Kleve stammenden Geheimrat Christoph Wilhelm Henrich von Sethe, sprach sich die Kommission 1818 dafür aus, das französische Recht links des Rheins und im Bergischen beizubehalten. Der preußische Patriot Sethe war trotz seiner Abneigung gegen den amtlichen Gebrauch der französischen Sprache zuvor als höchster Justizbeamter im napoleonischen Großherzogtum Berg eingesetzt gewesen und hatte dort entscheidenden Anteil an der Umsetzung der neuen Rechtsform besessen.

Nach Widerspruch des Justizministers entschied sich der König schließlich für einen Kompromiss: Diese Regelung für das rheinische Recht gelte nur so lange, bis das Landrecht reformiert sei. Hier konnte der Rheinländer nun eine Erfahrung machen, die sich mit seinem rheinischen Horizont gut vereinbaren ließ: die der Langlebigkeit von Provisorien …

Trotz zwischenzeitlicher Versuche, das Rheinische Recht doch durch das Landrecht zu ersetzen, scheiterten sämtliche Vorstöße dieser Art am Widerstand des Rheinischen Provinziallandtages und der öffentlichen Meinung im Rheinland. Mit dem „Rheinischen Revisions- und Kassationshof" wurde – freilich in Berlin – eine oberste Instanz für das Rheinische Recht geschaffen, mit dem pflichttreuen Sethe als „Chefpräsidenten": ein Amt, das er bis 1852 innehatte, um dann mit 85 Jahren in den Ruhestand zu gehen. 1850 verlieh ihm der König den Schwarzen Adlerorden, der mit der Erhebung in den Adelsstand verbunden war. Der bürgerlich selbstbewusste Beamte verzichtete allerdings darauf, den Adelstitel zu führen.

Das Rheinische Recht überlebte Christoph Sethe noch um fast ein halbes Jahrhundert. Es sollte so lange in Geltung sein wie das konkurrierende Landrecht: bis 1900, als das Bürgerliche Gesetzbuch beides ersetzte.

Auch blieb dem Rheinland die französische „Mairie" (Bürgermeisterei)-Verfassung im Wesentlichen erhalten, die deutlich autoritärer konstruiert war als Steins liberalere preußische Städteordnung von 1808. Für die städtischen Wahlen folgte man den rheinischen Wünschen nach einem „Dreiklassenwahlrecht", das somit auf eine rheinische Initiative zurückgeht. Selbst die Entwicklung der preußischen Verfassung (1848-50) war durch rheinische und westfälische Einflüsse mitbestimmt. Zum Anachronismus entwickelte sich das Dreiklassenwahlrecht erst durch seine unzeitgemäße Beibehaltung bis 1918.

König und Kathedrale

Mit dem Zugewinn von zwei großen, mehrheitlich katholischen Provinzen im Westen – Rheinland und Westfalen – war für Preußen ein neues Konfliktfeld entstanden.

Ein zwischen Papst und Staat erreichter Kompromiss bei der Bistumsorganisation räumte der preußischen Krone 1821 erhebliche Rechte ein. Auch wenn die Bischofswahlen durch die Domkapitel erfolgten, so hatten diese doch einen dem König genehmen Kandidaten zu wählen. Dazu besaß der Monarch das Recht, den Dompropst und einen Teil der Domherren zu nominieren. Überdies durften die Bischöfe mit dem Papst nur über den preußischen Kultusminister als Durchlaufstation verkehren.

All dies war in katholischen Kreisen begreiflicherweise nicht unumstritten. Im Grunde standen sich im protestantisch geprägten Staat und in der römisch-katholischen Kirche zwei Autoritäten gegenüber, die bei ihren Ordnungsansprüchen notwendigerweise in Konflikt geraten mussten.

Im sogenannten Kölner Kirchenstreit eskalierte dieser Konflikt. Stein des Anstoßes war die Frage nach dem Umgang mit konfessionellen Mischehen: Mit dem Zuzug protestantischer Beamter in den katholischen Westen, die sich gegenüber den Reizen der katholischen Töchter des Landes nicht unempfänglich zeigten, kam es stärker als zuvor zur Bildung konfessionell gemischter Ehen. Welche Konfession die Kinder aus solchen Ehen haben sollten, schien für beide Seiten nun eine drängende Frage.

Für das ostelbische Preußen galt seit 1803 die Ordnung, dass Kinder aus diesen Ehen die Konfession des Vaters zu übernehmen hätten: Es sei denn, die Eheleute entschieden sich einvernehmlich anders. 1825 übertrug der König diese Lösung auch auf den Westen. Eine mit dem Kölner Erzbischof Ferdinand August Graf von Spiegel 1834, bezeichnenderweise „geheim" geschlossene Konvention unterstützte diese Praxis, obwohl sie einer päpstlichen Anordnung widersprach.

Spiegels Nachfolger 1835/36, der romtreue und mystisch veranlagte Münsterländer Freiherr Clemens August von Droste zu Vischering war aus anderem Holz geschnitzt, lehnte nach Amtsantritt ab, der besagten Konvention zu folgen und wandte sich energisch gegen rationalistische Abweichler im eigenen Lager. Nach Droste zu Vischerings hartnäckiger Weigerung nachzugeben, gelang es der Berliner Bürokratie bei Friedrich Wilhelm III. 1837 die Verhaftung des Erzbischofs durchzusetzen und seine Verbringung auf die Festung Minden.

Der Eklat war nun da. Bereits wenige Wochen später sorgte die Verteidigungsschrift „Athanasius" von Joseph Görres für die Formierung einer breiten katholischen Oppositionsfront. Dies war der Weckruf für die Entstehung eines politischen Katholizismus als Massenbewegung. Der Staat verlor in diesem Konflikt eindeutig.

Allerdings fielen die Reaktionen in Westfalen und dem Rheinland unterschiedlich aus. Annette von Droste-Hülshoff schrieb: „Die Kölner sind trotz ihrer Frömmigkeit froh, ihn los zu sein, dass sich keine Maus regt." Sicher eine Übertreibung, auch wenn das lebenslustige Kölner Kirchenvolk tatsächlich viel von ihrem asketischen Erzbischof trennte. In Köln wie auch in Kleve kam es 1838 jedoch zu Tumulten und zu zahlreichen Unmutsäußerungen. Nur kann sich keine dieser Unruhen mit den Vorgängen in Münster im Dezember 1837 messen, die mehrere tausend Bürger auf die Beine brachten und den Divisionskommandeur Graf Wrangel veranlassten, Kavallerie einzusetzen und mit dem Säbel einhauen zu lassen.

Erst nach dem Regierungsantritt des neuen Königs Friedrich Wilhelm IV. 1840 ließ sich dieser Streit beilegen. Der romantisch veranlagte Monarch besaß durchaus Sympathien für die katholische Glaubensrichtung und hatte sich schon als Kronprinz für die Kandidatur Drostes eingesetzt. Er verzichtete auf die Anwendung der Geheimen Konvention von 1834 in der Mischehenfrage und kam der katholischen Kirche entgegen wie kein preußischer Monarch zuvor. 1841 wurde die Freiheit des innerkirchlichen Verkehrs mit Rom vereinbart, die Errichtung einer eigenen Katholischen Abteilung im Kultusministerium und die Erhöhung der Rechte des Domkapitels bei der Bischofswahl. Vollends die preußische Verfassung von 1850 sollte den Kirchen die korporative Freiheit gewähren und damit die Voraussetzung für das rasch aufblühende katholische Vereinswesen schaffen.

Besiegelt wurde der neue Kurs durch die Teilnahme Friedrich Wilhelms IV. an der Grundsteinlegung zum Weiterbau des Kölner Doms 1842, wo ihn die Kölner geradezu enthusiastisch begrüßten. Schon als junger Kronprinz hatte ihn 1814/15 der unvollendete Dom beeindruckt. Als Regent unterstützte er dessen Weiterbau finanziell und ideell. Der König genehmigte dann den Rahmenplan Friedrich Schinkels für die Vollendung des Kölner Doms und anschließend die Ausführungsplanungen von Dombaumeister Ernst Friedrich Zwirner. Es war tatsächlich seine Kathedrale.

König und Kapelle: Friedrich Wilhelm IV. im Arbeitszimmer der Erasmuskapelle, Berliner Stadtschloss, Gemälde von Franz Krüger um 1846

POPULÄRER IRRTUM

Eine verkannte Kopfbedeckung

Sollte die „Pickelhaube" mit ihrer emporragenden Spitze preußische Dominanz und Angriffslust zum Ausdruck bringen? Oder war sie gar ein lächerliches militärisches Modeattribut? Trugen sie nur preußische Soldaten?

Kaum etwas, was über sie an allgemein verbreiteten Vorstellungen existiert, entspricht den Tatsachen. Ein Zeitgenosse ihrer Entstehungszeit, der tiefblickende Heinrich Heine, führt uns hier auf die richtige Spur. In seinem 1844 in Deutschland erschienenen „Deutschland – ein Wintermärchen" heißt es von den preußischen Soldaten:

> „Nicht übel gefiel mir das neue Kostüm
> Der Reuter, das muss ich loben,
> Besonders die Pickelhaube, den Helm
> Mit der stählernen Spitze nach oben ...
> Das mahnt an das Mittelalter so schön,
> An Edelknechte und Knappen,
> Die im Herzen getragen die Treu
> Und auf dem Hintern ein Wappen" (Caput III)

Tatsächlich ist die „Pickelhaube", die amtlich immer nur als „Helm" oder als „Stahlhelm" bei den Kürassieren (Schwere Reiter) bezeichnet wurde, ein Produkt der Mittelalterromantik. So geht die Einführung des neuen Helms auf den in Düsseldorf auf Schloss Jägerhof residierenden Divisionskommandeur und kunstbegeisterten Förderer der Rheinromantik Prinz Friedrich von Preußen zurück. Als General der Kavallerie und Chef der Breslauer Leibkürassiere hatte er bereits 1841 einen Modellhelm für

Kürassiere entwickeln lassen, der zum Prototyp der ab 1842 eingeführten „Pickelhaube" wurde. Die Infanterie trug sie in Leder mit Metallbeschlägen.

Zweifellos war die „Pickelhaube" eine Erfolgsmodell. Sie löste den unbequemen Tschako ab und bot mit ihrer auf einem Kreuzblattbeschlag befestigten Spitze einen besseren Schutz gegen Säbelhiebe, die an diesem exponierten Aufsatz abglitten und die Kopfbedeckung nicht mehr spalten konnten. Die Artillerie, die ihre Helme erst wie die Infanterie trug, bekam 1844 eine eigene Version. Von

Die Grundform der „Pickelhaube" vor dem Ersten Weltkrieg: Mannschaftshelm der Gardeinfanterie um 1890

nun an zierte eine symbolische Kanonenkugel die Helmspitze dieser Waffengattung.

Im Lauf der Jahrzehnte veränderte die „Pickelhaube" ihr Aussehen beträchtlich. Der Helm wurde in mehreren Stufen deutlich in der Höhe reduziert, der Messingbeschlag 1895 durch Aluminiumbronze ersetzt. Zwischen 1842 und 1895 verringerte die „Pickelhaube" für die Infanterie ihr Gewicht so etwa um die Hälfte, was den Soldaten den Dienst erleichterte. Ab 1916 ersetzte dann der neue Stahlhelm die Pickelhaube im Kriegseinsatz.

Der Symbolgehalt der Pickelhaube als Kennzeichen eines angeblichen preußischen Militarismus verhinderte nicht ihren Siegeszug als weithin geschätzter Gebrauchs- und Modeartikel außerhalb der preußischen und auch der deutschen Grenzen. Mit Bayern und Braunschweig kamen im Kaiserreich die letzten deutschen Staaten unter die „Pickelhaube".

Beispielsweise führte Sachsen die „Pickelhaube" 1867, Württemberg 1869, Bayern 1886 generell in ihrer Armee ein. Bei der Landwehr und der Gendarmerie hatte Bayern dies sogar schon 1848 bzw. 1855 getan. Außerhalb Deutschlands übernahmen die Pickelhaube: Schweden und Norwegen 1845, Russland 1846, das Fürstentum Moldau (später Rumänien) 1847, Dänemark 1851, Spanien 1855, Großbritannien und Irland 1878, die Vereinigten Staaten 1881, Portugal 1885, Brasilien 1889, Chile 1890 und Mexiko 1910.

Entwaffnend charmant: eine schwedische Gardistin mit „preußischem" Kürassierhelm vor dem Königlichen Palast in Stockholm

Zu der an Ironie nicht armen Beziehungsgeschichte Bayerns und Preußens gehört, dass sich die „Pickelhaube" in bayerischen Gefilden viel länger hielt als beim norddeutschen Nachbarn: Erst zwischen 1935 und 1937 legten die bayerischen Gendarmen ihre „Pickelhaube" ab.

POPULÄRER IRRTUM

Bismarcks Kriege?

Nach verbreiteter Auffassung war Bismarck ein skrupelloser Kriegstreiber, der seine preußischen Großmachtpläne durch blutige Konflikte verwirklichen wollte. Aber stimmt das wirklich, hatte Bismarck einen Generalplan, der Preußens Größe mit der bewussten Herbeiführung von Kriegen ausbauen wollte?

Derartige Vermutungen werden der bismarckschen Intelligenz, die immer eine Klaviatur unterschiedlicher Möglichkeiten miteinbezog, nicht gerecht. Sicher, an seinem strategischen Ziel, Preußens Macht nachhaltig zu stärken, ist nicht zu zweifeln. Auf dem Weg dahin bewies er jedoch eine außerordentliche Flexibilität. Bismarcks grundsätzliche Haltung umschreibt seine Antwort an den Diplomaten Robert von Keudell: „Man darf nicht Krieg führen, wenn es mit Ehren zu vermeiden ist; die Chance günstigen Erfolgs ist keine gerechte Ursache, einen großen Krieg anzufangen."

So zog er durchaus eine friedliche Einigung mit Österreich über die Frage der preußischen Vorherrschaft in Norddeutschland in Betracht. Allerdings stand dem das eindeutige Bestreben Habsburgs entgegen, den Deutschen Bund vollständig zum Werkzeug österreichischer Hegemonie zu machen. Das Habsburgerreich war keineswegs so friedfertig, wie landläufig angenommen. Ein Krieg wurde hier durchaus in Aussicht genommen, u.a. zur Sanierung der Staatsfinanzen nach einem Sieg. Bereits vor Kriegsausbruch sicherte Wien das Unternehmen noch durch einen Geheimvertrag mit Kaiser Napoleon III. ab, dem man die Abtretung Venetiens versprach und erklärte, ihn nicht bei Landerwerb auf Kosten Preußens zu behindern. Auch die Schaffung eines Frankreich genehmen Rheinstaates aus linksrheinischen Gebieten tauchte am Horizont auf.

Aber wie stand es um die Auslösung des Deutsch-Französischen Kriegs von 1870/71? War dieser Krieg tatsächlich unvermeidlich und wer trug die Hauptverantwortung für diesen blutigsten der drei deutschen „Einigungskriege"? Gerne wird heute behauptet, Bismarck habe Frankreich mit einer geschickten Taktik – auch mit dem Mittel der Dokumentenfälschung – gewissermaßen in den Krieg getrieben.

Bei nüchterner Betrachtung ist aber festzustellen, dass das französische Kabinett sich selbst in eine antipreußische Sackgasse manövrierte, aus der man meinte, nicht mehr ohne Krieg herauskommen zu können. Bismarck und sein König reagierten dagegen auf die französischen Provokationen gesichtswahrend und angemessen.

Der Konflikt entzündete sich an der spanischen Thronfolgekandidatur des katholischen und mit der Familie Bonaparte verwandten Erbprinzen Leopold von Hohenzollern-Sigmaringen. In Frankreich sah man hier jedoch das Gespenst einer Umklammerung wie früher durch den Habsburgerkaiser Karl V. am Horizont auftauchen. Die französische Regierung nahm nun das formal gar nicht beteiligte Preußen ins Visier. Sie gab am 6. Juli 1870 eine entsprechende, äußerst scharfe Erklärung vor der Kammer ab, die bereits mit einer unverhohlenen Kriegsdrohung abschloss. Von dieser völlig unangemessenen Reaktion war man auf der politischen Bühne Europas geradezu schockiert. Als Leopold am 12. Juli seine Kandidatur zurückzog, hatte Frankreich einen deutlichen diplomatischen Erfolg erzielt, wollte sich damit aber nicht zufriedengeben, da das Hauptziel, Preußen mit einer kriegsentschlossenen Haltung eine demütigende Niederlage zuzufügen, noch nicht erreicht war. Zumindest das erwartete auch die aufgeputschte öffentliche Meinung in Frankreich.

So erhielt der französische Botschafter Benedetti die Order, vom zur Kur in Bad Ems weilenden Preußenkönig die verbindliche Zusage zu erlangen, einer künftigen Kandidatur des Sigmaringers nicht erneut zuzustimmen. Da Außenminister Gramont diesen Vorstoß öffentlich machte, ohne die Reaktion Wilhelms I. abzuwarten, hatte sich die Pariser Regierung selbst den Rückzug abgeschnitten.

Als Benedetti den König am 13. Juli auf der Kurpromenade ansprach, ließ der Monarch sich zu keiner vom Botschafter verwertbaren Äußerung hinreißen. Am gleichen Tage ließ Wilhelm I. Benedetti von seinem Adjutanten bestellen, er habe inzwischen die Nachricht vom Thronverzicht des Erbprinzen erhalten und dem Botschafter nun nichts weiter zu sagen. Bismarck erhielt daraufhin die Anweisung „die neue Forderung Benedettis und ihre Zurückweisung" der Presse mitzuteilen, worauf er die Nachricht straffte und der Schlusssatz härter ausfiel. Eine Fälschung war es jedoch nicht.

Wichtiger ist allerdings, dass die „Emser Depesche" für die nächste und entscheidende Eskalationsstufe überhaupt nicht ins Gewicht fiel. Bei Sitzung des französischen Kabinetts am 14. Juli, als die Mobilmachung der Armee beschlossen wurde, spielte die in der Formulierung noch nicht bekannte Depesche keine Rolle. Entscheidend war die fehlende preußische Garantieerklärung, die, nachdem man diese Frage so hochgespielt hatte, eine empfindliche diplomatische Niederlage bedeutete, wenn der schon angedrohte Krieg nun nicht folgen würde.

Mit der militärischen Mobilisierung war die Entscheidung für den Krieg gefallen, der Preußen von Frankreich am 19. Juli erklärt wurde. Zu dieser Zeit waren auf beiden Seiten die Truppenbewegungen schon voll im Gange. Während eine begeisterte Volksmenge schon seit dem Abend des 14. Juli in Paris die von oben beargwöhnte Marseillaise sang und Parolen wie „Nach Berlin" und „Nieder mit Preußen" brüllte, war die Stimmung des Kaisers und im Kabinett eher verhalten. Vor allem Napoleon III. beschlich die Ahnung, dass dieser Krieg für ihn alles andere als wunschgemäß verlaufen könnte.

Ein General der anderen Seite

Friedrich Engels, wegen seiner militärischen Vorlieben von seinen Parteigängern „General" genannt, sah, wie auch Karl Marx, in der weitgehenden Einlösung der Allgemeinen Wehrpflicht durch die preußische Heeresreform der 1860er Jahre einen fachlichen und politischen Modernisierungsschub. Unter anderen Vorzeichen, so ihre Hoffnung, war das auch für den revolutionären Kampf zu nutzen.

Friedrich Engels berichtete 1849 als Korrespondent der „Neuen Rheinischen Zeitung", die Karl Marx in Köln herausgab, über die badisch-pfälzische Revolution und erlebte ihre Niederlage gegen preußische Truppen. Als Adjutant des Kommandeurs der Revolutionsarmee August Willich konnte er praktische Erfahrungen sammeln und fällte ein vernichtendes Urteil über ihren defizitären Zustand. Aber marxistische Dialektik bedeutet auch vom Gegner zu lernen, und dies hieß für Engels in den 1860er Jahren eben auch: von der preußischen Armee.

Was war geschehen? Unter dem 1862 zum preußischen Ministerpräsidenten ernannten Otto von Bismarck wurde trotz Ablehnung durch das Abgeordnetenhaus eine starke Vermehrung des Feldheeres umgesetzt und ohne bewilligtes Budget regiert. Faktisch ein Verfassungsbruch! Erst unter dem Eindruck des Sieges über Österreich 1866 wird das Abgeordnetenhaus gewissermaßen die Absolution erteilen und das Budget auf Antrag der Regierung rückwirkend bewilligen. Jedoch besaß der König bis 1918 die alleinige Exekutive mit der Auswahl der Minister, auf ihn vereidigten Beamten und dem Oberbefehl über das Heer.

1865 ging Engels hart mit dem liberalen preußischen Bürgertum ins Gericht: Es habe nicht erkannt, dass die Heeresvermehrung ihm in die Hände spiele und nicht um weitere politische Rechte gerungen. Die preußische Armee besitze seit der Heeresreform der 1860er Jahre ein weitgehend bürgerliches Offizierskorps: „Wer die preußische Armee nach der Reorganisation wieder sah, kannte das Offizierskorps nicht mehr. Wir sprechen nicht von Hörensagen, sondern von eigener Anschauung … die jüngeren Offiziere … gehörten keineswegs einer geschlossenen Kaste an, sondern repräsentierten mehr denn je seit 1815 alle gebildeten Klassen und alle Provinzen des Staats." Die Siege preußischer Truppen im Deutsch-Dänischen Krieg 1864 schreibt Engels so gerade diesem stark bürgerlich durchsetzten Offizierskorps zu: „Die alte Klasse Subalternoffiziere allein hätte nicht gewagt, so oft auf eigene Verantwortung zu handeln."

Den Qualitätszuwachs, den Engels bei den preußischen Offizieren feststellt, attestiert er auch den durch Reservisten verstärkten Bataillonen: „Die Leute … bringen einen Vorrat von Selbstachtung, Selbstvertrauen, Sicherheit und Charakter mit, der dem ganzen Bataillon zugutekommt. Das Verhältnis der Leute zu den Offizieren, der Offiziere zu den Leuten, wird gleich ein anderes … Das Bataillon gewinnt militärisch ganz bedeutend, aber politisch wird es – für absolutistische Zwecke – völlig unzuverlässig." So gesehen marschierte auch die preußische Armee für den Sozialismus.

Traditionsbrüche

Bismarck hatte die Beschlüsse des Vatikanischen Konzils 1870, die u.a. das Unfehlbarkeitsdogma des Papstes verkündeten, als interne Angelegenheit der katholischen Kirche betrachtet. Als Rom daraufhin die Entfernung von abweichlerischen Theologen und Lehrern aus ihren Staatsämtern forderte, wies Preußen dieses Ansinnen zurück.

Bismarck als Reichskanzler

So weit, so gut, wurde der Bogen freilich überspannt, als man katholische Oberbehörden in Preußen, die ebenfalls für diese Ämterentziehung plädiert hatten, Strafmaßnahmen unterwarf. Schon hier war die Selbstverpflichtung des preußischen Staates zu religiöser Neutralität verletzt.

Bismarck selbst hat sich hierzu vielfach geäußert. Die Gründung des Zentrums (1870) als auf Rom ausgerichtete katholische Konfessionspartei war ihm ein Dorn im Auge. Gleichzeitig sah er einen Zusammenhang zwischen Katholizismus und nationalpolnischen Interessen und befürchtete eine Instrumentalisierung des Zentrums in diesem Sinn.

Auseinandersetzungen um die Verwendung der deutschen oder polnischen Sprache hatte es in Teilen der Provinzen Posen, Westpreußen sowie in Masuren und Oberschlesien häufiger gegeben. Katholische Pfarrer und geistliche Orts- und Kreisschulinspektoren setzten, wie allgemein üblich, auf den Gebrauch der Muttersprache.

Natürlich konnte dies auch für nationalpolnische Bestrebungen genutzt werden. Aber eine gelassenere Behandlung auf staatlicher Seite hätte der Traditionslinie der preußischen Konfessionspolitik mehr entsprochen und wäre der angestrebten Integration der polnischen Bevölkerung förderlich gewesen.

Seit 1872 wurde der „Kulturkampf" schwerpunktmäßig überwiegend in Preußen geführt: mit Kultusminister Falk als antikatholischer Speerspitze. Der Auflösung der katholischen Abteilung in seinem Ministerium 1871 folgten 1872 das preußische Schulaufsichtsgesetz, das die geistliche Aufsicht im Schulwesen beseitigte, und 1873 die „Maigesetze" zur vollen Staatsaufsicht über die Kirchen. 1875 sperrte das „Brotkorbgesetz" die staatlichen Zuschüsse an die katholische Kirche und hob das „Klostergesetz" alle nicht hauptsächlich krankenpflegerisch tätigen Orden auf. Schulverordnungen schränkten den Gebrauch der polnischen Sprache ein, auch im Religionsunterricht, und bestimmten Deutsch als alleinige amtliche Geschäftssprache in den Ostprovinzen.

Papst Pius IX. erklärte diese Kirchengesetze für ungültig und drohte bei ihrem Vollzug mit Exkommunikation. Dem Widerstand von Bischöfen und Geistlichen gegen die Maigesetze glaubte die Staatsführung mit Amtsenthebungen, Geld- und Haftstrafen beizukommen, erreichte aber das Gegenteil: eine überwältigende Solidaritätswelle der katholischen Bevölkerung und eine Verdopplung der Wählerstimmen für das Zentrum. 1876 hatte man es dahin gebracht, dass sämtliche preußische Bischöfe ausgewiesen waren oder in Festungen einsaßen und etwa 600 Pfarrstellen in Preußen verwaist waren.

Widerstand zeigte sich aber auch in evangelisch-konservativen Kreisen des preußischen Adels und beim preußischen König. Der Reichskanzler, der Wilhelm I. mit Rücktritt drohte, konnte sich durchsetzen, musste aber in Einzelfragen Zugeständnisse machen. Der Führer der Altkonservativen Ernst Ludwig von Gerlach trat demonstrativ dem Zentrum bei und bezeichnete den Kurs Bismarcks und der Liberalen bei der Abstimmung über das „Brotkorbgesetz" im Abgeordnetenhaus als „Staatsvergottung". Auch wenn schließlich nur eine konservative Minderheit gegen das Gesetz stimmte, nahmen 115 Angehörige des Herrenhauses demonstrativ nicht an der Abstimmung teil.

Seit 1878 schlug Bismarck einen Verständigungskurs mit dem neuen Papst Leo XIII. ein, der angesichts der „Kulturkämpfe" in fast jedem größeren Staat Europas (besonders scharf in Frankreich) zum Einlenken bereit war. 1882 wurden wieder diplomatische Beziehungen zum Vatikan aufgenommen und Bismarck erhielt als erster Protestant den päpstlichen Christusorden mit Brillanten: Bis 1887 waren fast alle Kulturkampfgesetze aufgehoben.

Auch wenn die Staatsaufsicht über die Kirchen und die 1874 in Preußen eingeführte Zivilehe bestehen blieben, überwogen doch die strukturellen Nachteile des Kulturkampfes für den preußischen Staat:

Besonders galt das im Osten für die Preußen „polnischer Zunge", die diesem Staat durch den Kampf gegen Katholische

Kirche und Muttersprache noch mehr entfremdet, ja vielfach erst jetzt stärker polnisch „nationalisiert" wurden. Überzogene Positionen von beiden Seiten heizten den Konflikt weiter an. Im Gegensatz zum Westen Preußens vertieften sich in den 1880er Jahren hier noch die Gräben (Ansiedlungsgesetz 1886, Novellen 1904/1908, Aufhebung polnischen Sprachunterrichts in allen Volksschulen 1887).

Die Frage, inwieweit das neue Deutsche Reich noch preußisch war, entscheidet sich an der Frage der Staatsräson: Preußen war kein Nationalstaat und konnte es aufgrund seiner ethnischen Vielfalt nicht sein. Seiner Staatsräson hätte es entsprochen, den unterschiedlichen Identitäten seines „Staatsvolkes" stärker Rechnung zu tragen.

Der Gerechtigkeit halber sei aber gesagt, dass mit der Regierungszeit Wilhelms II. in den 1890er Jahren trotz andersartiger nationaler Zungenschläge faktisch eine Entwicklung der Rivalen in Richtung auf eine gleiche Augenhöhe stattfand. Nicht nur der deutsche Zuzug in die Ostprovinzen wurde staatlicherseits durch die Ansiedlungskommission gefördert, sondern eben auch die Ansetzung polnischer Siedler, sogar in noch größerem Umfang, durch die königlichen Generalkommissionen und das Revisionsrecht für polnische Genossenschaften.

Der Rechtsstaat ermöglichte den Aufbau eines weitverzweigten polnischen Vereinswesens. Von der herausragenden Verbesserung der Infrastruktur in Posen und Westpreußen durch Industrialisierung und eine gezielte Verkehrs- und Baupolitik profitierte die Gesamtbevölkerung. Manches spricht dafür, dass sich ohne den Ersten Weltkrieg und seine Folgen die langfristige Assimilation beider Bevölkerungsteile fortgesetzt hätte.

Das doppelte Gesicht

1878 war ein Jahr der Wende: Zwei Attentate auf Kaiser Wilhelm I. nutzte Bismarck, um im Reichstag das „Gesetz gegen die gemeingefährlichen Bestrebungen der Sozialdemokratie" durchzubringen. Die polizeilichen Untersuchungen ergaben nur bei einem von beiden, und das auch nur zeitweise, eine Mitgliedschaft in der Sozialistischen Arbeiterpartei Deutschlands (seit 1890: SPD). Wegen Unterschlagungen hatte die Partei ihn ausgeschlossen.

Bismarck witterte hier sofort seine Chance, die Attentate, die deutschlandweit Empörung auslösten, für ein Knebelgesetz gegen die Sozialdemokratie zu nutzen. In deren marxistischer Prägung erblickte er eine grundlegende Gefahr für Staat und Gesellschaft. Für das Gesetz stimmten im Reichstag 1878: die Konservativen, die Mehrheit der Nationalliberalen, das Zentrum und die linksliberale Fortschrittspartei. Das für drei Jahre beschlossene und dreimal verlängerte Gesetz verbot Vereine, Versammlungen und Presseerzeugnisse mit sozialdemokratischer Ausrichtung unter Androhung von Geld- und Haftstrafen sowie von Ausweisungen. Die Sozialdemokratie blieb allerdings im Reichstag und einzelnen Landtagen vertreten und konnte an deren Wahlen teilnehmen. Bei der Aufhebung des Gesetzes hatte sich ihre Mitgliederzahl verdreifacht.

In der Epoche des Liberalkapitalismus wurde die Arbeiterbewegung auch im Ausland, z.B. in den USA und Frankreich, mit polizeistaatlichen Eingriffen hart verfolgt. Für Preußen und Deutschland wird man wohl teilweise sogar mehr rechtsstaatliche Bremsen wahrnehmen können als anderswo.

Der entscheidende Unterschied im internationalen Vergleich liegt aber in der Flankierung dieser Repression mit einer Sozialpolitik, die weltweit einzigartig war.

Hier war Bismarck die treibende Kraft, sicher auch – aber nicht nur – aus taktischem Kalkül, um die Arbeiterschaft so der Sozialdemokratie zu entfremden. Bei ihm und auch bei Kaiser Wilhelm I., der mit seiner „Kaiserlichen Botschaft" 1881 das neue Sozialprogramm ankündigte und sich für die „Heilung der sozialen Schäden" einsetzte, besaß die soziale Verantwortung ein eigenes Gewicht.

Bismarck schuf in den 1880er Jahren als verantwortlicher Politiker das damals einzigartige Modell der Pflichtversicherung gegen die Folgen von Unfall und Invalidität sowie für die Altersabsicherung. Inhaltliche Bausteine kamen von rheinisch-westfälischen Industriemagnaten, insbesondere vom Präsidenten des Bochumer Vereins Louis Baare.

Obwohl Bismarck für höhere staatliche Zuschüsse eintrat, konnte er diesen Plan bei der Reichstagsmehrheit von Konservativen, Linksliberalen und Zentrum nicht durchsetzen. Lediglich für die Invaliditäts- und Altersversicherung gewährte der Reichstag eine bescheidene staatliche Unterstützung.

Beim Unfallversicherungsgesetz (1884) erreichte er allerdings, dass sämtliche Beiträge von den Arbeitgebern zu zahlen waren. Die Verwaltung lag hier bei den Arbeitgeberverbänden. Wie meistens, so auch hier, verfolgte Bismarck ein mehrgleisiges Zielprogamm.

Verärgert über die oppositionelle Mehrheit im Reichstag in den 1880er Jahren, betrachtete er in diesen Berufsgenossenschaften der Arbeitgeber den Anfang für einen allerdings nie realisierten berufsständischen „Volkswirtschaftsrat", der den Reichstag politisch flankieren oder sogar ersetzen sollten – notfalls auch mit dem Mittel des Staatsstreiches.

Bei aller taktischen Raffinesse war die Bismarcksche Sozialpolitik auch durch das Bewusstsein einer sozialen Verpflichtung motiviert. Allerdings fand eine umfassende Arbeiterschutzgesetzgebung, darunter auch das Verbot der Sonntagsarbeit, in ihm keinen Befürworter. Diese Schritte sollten dann später der Ära Kaiser Wilhelms II. vorbehalten bleiben.

Der Kaiser überall

Wilhelm II. (1859–1941, reg. 1888–1918) erfüllte die Kaiserrolle mit einer so weitgehenden öffentlichen Präsenz und so vielfältigen Impulsen auf Politik und Gesellschaft wie keiner seiner beiden Vorgänger.

Kaiser Wilhelm I. verstand sich bis zu seinem Tode 1888 ganz überwiegend als König von Preußen. Seine urprüngliche Einschätzung der neuen Kaiserwürde als „Scheinkaisertum" sollte sich zwar nicht bewahrheiten, freilich aber seine Befürchtung, dass Preußen hinter Kaiser und Reich zurücktreten werde.

In ganz Deutschland wurde er so immer mehr in erster Linie als Deutscher Kaiser wahrgenommen, als lebendiges Symbol der neuen deutschen Einheit. Wilhelm I. stellte sich seinen neuen Aufgaben pflichtbewusst und erledigte noch im Greisenalter ein hohes Arbeitspensum. All dies trug ihm reichsweit hohe Verehrung ein.

Sein Nachfolger Friedrich III. (1831–1888) identifizierte sich schon als Kronprinz begeistert mit dem Kaisertitel und versuchte an mittelalterliche Kaisertraditionen anzuknüpfen. Allerdings scheiterten seine Pläne, die in Wien aufbewahrten alten Reichsinsignien nach Deutschland zu überführen und der Kaiserproklamation in Versailles eine förmliche Krönung folgen zu lassen.

Bis heute wird vom nur 99 Tage regierenden und an Kehlkopfkrebs verstorbenen Kaiser Friedrich erwartet, bei einer längeren Regierungsdauer die Parlamentarisierung des Reiches nach englischem Muster vollzogen zu haben. Trotz des starken Einflusses seiner Gattin Victoria und Tochter von Queen Victoria stehen dem seine eigenen Bekenntnisse entgegen, die Monarchie niemals von Parteien abhängig zu machen.

Die Regierungszeit Wilhelms II. fiel in eine Zeit des Umbruchs. Vieles davon schien sich in der schillernden Figur des neuen Kaisers zu verkörpern, der wie seine Epoche den Stempel der Unrast trug. Emsig bemüht, zwischen Tradition und Moderne zu vermitteln, bot sich Wilhelm II. als Integrationsfigur an.

Der jüdische Industrielle und spätere Reichsaußenminister Walter Rathenau, der nach dem Ersten Weltkrieg zur linksliberalen DDP fand und 1922 einem rechtsradikalen Attentat zum Opfer fiel, schrieb 1919 in seinem Buch „Der Kaiser": „Dies Volk in dieser Zeit, bewusst und unbewusst, hat ihn so gewollt …, hat sich selbst in ihm so gewollt, nicht anders gewollt … Niemals zuvor hat so vollkommen ein sinnbildlicher Mensch sich in der Epoche, eine Epoche sich im Menschen gespiegelt."

Dazu gehörten auch die martialischen Auftritte des Kaisers und seine politisch schädlichen rhetorischen Entgleisungen, die dem überschießenden Kraftgefühl bürgerlicher Kreise in der Ära des Imperialismus entgegenkamen.

Bei aller Sprunghaftigkeit Wilhelms II. gehört sein Bestreben, eine Art Volkskaiser zu sein, zu den Konstanten. Nach dem großen Bergarbeiterstreik im Ruhrgebiet 1889 rief er beide Seiten zum Kompromiss auf und unterstützte seinen Handelsminister Hans Freiherr von Berlepsch bei dessen Gesetzgebung. 1890 trat das Gesetz über Gewerbegerichte in Kraft, das Schiedsinstanzen im Bergbau verpflichtend machte, und 1891 das Verbot der Beschäftigung schulpflichtiger Kinder in den Fabriken. Dieser Kurs wurde mit Rückendeckung des Kaisers mit weiteren Arbeiterschutzmaßnahmen und Leistungserweiterungen des Versicherungsschutzes bis kurz vor dem Ersten Weltkrieg fortgesetzt. Auch die Entlassung Bismarcks 1890 war nicht etwa nur dem Bestreben Wilhelms II. geschuldet, sein eigener Kanzler zu sein. Mit der von Bismarck geplanten Dauerausgrenzung der SPD (unbefristetes Sozialistengesetz, Ausweisung ihrer Führer) wollte der junge Monarch seine Regierung nicht belasten.

Auch im Verhältnis zur katholischen Bevölkerung, zu Episkopat und Zentrum verfolgte Wilhelm II. eine Politik des Ausgleichs. Zahlreiche Schenkungen an katholische Gotteshäuser lagen auf dieser Linie, dienten aber auch oft der Sakralisierung des Kaisertums.

Im höheren Bildungswesen setzte sich Wilhelm II. nachhaltig für die Gleichberechtigung der stärker „realistisch" ausgerichteten Lehranstalten mit den klassischen Gymnasien ein, wie auch für die Gleichstellung der Technischen Hochschulen in Preußen mit den Universitäten. So verlieh er ersteren das Recht, den Titel „Dr. Ing." zu vergeben.

Die Gründung der außeruniversitären Großforschungsinstitute der 1911 gegründeten „Kaiser-Wilhelm-Gesellschaft zur Förderung der Wissenschaften" fand seine lebhafte Unterstützung. Die Finanzierung wurde von der Industrie bestritten, deren Mittel der Kaiser zu großen Teilen persönlich einwarb.

Der weitgehende Einfluss, den der Kaiser in seiner Eigenschaft als König von Preußen auf Kunstförderung und Kunstpolitik ausübte – auch durch Eingriffe in verschiedenste Bauprojekte mit eigenhändigen Zeichnungen – kann hier nicht dargestellt werden. Trotz seiner traditionellen Ausrichtung, die aber auch in den Repräsentationsbauten des europäischen Auslands erkennbar war, zeigte sich Wilhelm II. offen für die spätwilhelminische Reformarchitektur, Gartenstädte und soziale Werkssiedlungen.

Mochte all dies, wie auch die allgegenwärtige mediale Präsenz des Kaisers, den fantasiebegabten Monarchen dazu verführen, selbst an ein „Persönliches Regiment" zu glauben, so war es tatsächlich eine Fiktion. Allein schon seine ausgedehnten Reiseaktivitäten machten einen tieferen Einstieg in die Arbeiten der Regierung unmöglich – ganz im Unterschied zu seinem Großvater.

Tatsächlich folgte Wilhelm II. meist dem Urteil seiner Ressortchefs und Diplomaten. Mitunter geschah dies – wie bei den demonstrativen Gesten gegen die koloniale Expansion Frankreichs (Kaiserbesuch in Tanger 1905, „Panthersprung nach Agadir" 1911) – wider die bessere Einsicht des Kaisers. Auch beim Aufbau der Marine, die er prononciert förderte, war er weniger Initiator als Repräsentant einer Flottenbegeisterung großer Teile der Gesellschaft im Dienste einer neuen „Weltpolitik".

Endgültig wurde das Selbstbild Wilhelms II. eines „Persönlichen Regimentes" durch die ablehnende Reaktion auf sein Interview im „Daily Telegraph" 1908 erschüttert: ein äußerst ungeschickter und missglückter Versuch, sich als Freund Englands im Gegensatz zur Mehrheit seiner Landsleute zu positionieren. Eine allgemeine Empörung in Deutschland bis in hochkonservative Kreise hinein war die Folge. Obwohl der Kaiser verfassungsgemäß gehandelt und den Text des Interviews bei Reichskanzler Bernhard von Bülow zur Genehmigung eingereicht hatte, gelang es Bülow im Reichstag, sein Versagen auf Kosten des Kaisers zu kaschieren. Wilhelm II. erlitt einen Nervenzusammenbruch und trug sich ernsthaft mit Abdankungsgedanken.

Auch in der Julikrise 1914 vor Ausbruch des Ersten Weltkriegs richtete sich der Kaiser nach dem Urteil seiner verantwortlichen Amtsträger, wie auch die übrigen gekrönten Häupter in Europa. Überall begaben sich die Throninhaber in die Hände ihrer Ratgeber und glaubten, sich zum Sprachrohr der national aufgeladenen Stimmung ihrer Länder machen zu müssen: ein Versagen der Dynastien, die nach ihrem Machtverlust nicht mehr die Kraft oder den Mut aufbrachten, eine eigenständige Rolle zu übernehmen und ihre übernationalen familiären Verflechtungen für eine Friedensinitiative zu nutzen.

Seine theoretische Stellung als „Oberster Kriegsherr" im Ersten Weltkrieg füllte Wilhelm II. faktisch nicht aus: im Gegensatz zu seinem Großvater, der allerdings noch unter überschaubareren Verhältnissen eine Koordinierungsfunktion zwischen Politik und Militär wahrgenommen hatte. Auch symbolisch wurde der Kaiser vollends durch den Nimbus der Dritten Obersten Heeresleitung (Hindenburg und Ludendorff) an den Rand gedrängt. Sein letzter Akt bei Kriegsende, der Gang am 10. November 1918 ins niederländische Exil, geschah denn auch auf den dringlichen Rat seines höchsten Militärs, Generalfeldmarschall Paul von Hindenburg.

Tragischerweise konnte Wilhelm II. sich zu der für ihn schweren Entscheidung nicht durchringen, auf den Thron zugunsten seines Enkels, den noch minderjährigen Prinzen Wilhelm, zu verzichten. Der letzte kaiserliche Reichskanzler Prinz Max von Baden hoffte seit Ende Oktober 1918 mit diesem Schritt die Monarchie zu retten und die Revolution zu vermeiden. Tatsächlich war für diese Lösung eine breite politische Basis vorhanden, die bis zur SPD reichte.

Hören wir noch einmal Rathenau, der sehr tief blickte. Er sah den durch seinen verkümmerten linken Arm behinderten Kaiser, u.a. auf die lieblos harte Erziehung seiner Mutter Victoria anspielend, so: „Hilfsbedürftige Weichheit, Menschensehnsucht, vergewaltigte Kindlichkeit, die hinter physischer Kraftleistung, Hochspannung, schallender Aktivität sichtbar wurde … Eine zerrissene Natur, die den Riss nicht spürt."

Der Kaiser einmal anders: Ölskizze von P. A. de László 1908

AHA!

Preußenbaum und Mutterklötzchen

Die preußische Forstverwaltung begegnete den Kahlschlägen in der Rheinprovinz im 19. Jahrhundert mit einer gezielten Anpflanzung von schnell wachsenden Kiefern und Fichten. Der Volksmund bezeichnete diese Neuankömmlinge als „Preußenbäume". Von der Landbevölkerung erst kritisch gesehen, weil diese preußischen Importe Flächen besetzten, die man früher als Weideflächen genutzt hatte, sorgten sie aber bald für Arbeit und Brot.

Der expansiv wachsende Ruhrbergbau hatte einen riesigen Bedarf an Kiefernholz, das sich nun massenhaft und gut verkaufen ließ. Dieser Boom hielt noch lange nach dem Zweiten Weltkrieg an.

Die Kumpels schätzten den Preußenbaum vor allen anderen Bäumen als Grubenholz. Warum? Das Kiefernholz ließ schon längere Zeit vor dem Einbruch eines Stollens Knackgeräusche hören und warnte die Bergleute. Oft konnten sie so den bedrohten Stollen noch rechtzeitig verlassen. Der Preußenbaum besaß so eine eingebaute Vorwarnfunktion!

Das Kiefernholz wurde vom Bergmann erst unter Tage verarbeitet. Hierbei fiel natürlich immer ein „Abfallstück" an, das er gut in seiner Arbeitstasche unter der Kaffeeflasche platziert mit nach Hause nahm: das „Mutterklötzchen". Dieses astfreie Stück Holz wurde für die Mutter gespalten und für das Anfeuern des Kohleherds verwendet. So fand der Preußenbaum auch noch Verwendung für die Versorgung des heimischen Herds.

BVB-Trainer Ottmar Hitzfeld mit Pickelhaube nach dem Sieg gegen Juventus Turin im Finale der Champions League, 1997

Pass-Spiel zu Preußen

Begibt man sich auf die Suche nach dem Namen „Preußen" in der Bundesrepublik, dann wird man in keinem gesellschaftlichen Bereich so fündig wie beim Fußball.

74 Vereine, meist in der späteren Kaiserzeit gegründet, trugen die Bezeichnung „Preußen" oder „Borussia". Unter ihnen besonders erfolgreich: Borussia Dortmund (1909), Borussia Mönchengladbach (1900) und Preußen Münster (1906). Überraschend ist, dass die Schwerpunkte hier damals wie heute nicht etwa in den preußischen Kerngebieten liegen, sondern in Rheinland und Westfalen. Von den heute noch existenten 44 Preußen- oder Borussia-Vereinen sind allein 28 in Nordrhein-Westfalen zu verorten. Wie ist diese preußische Fußballdominanz in NRW zu erklären?

Um die Jahrhundertwende war das Kicken mit dem Ball noch kein proletarisches Freizeitvergnügen, sondern in der bürgerlichen Mittelschicht angesiedelt. Studenten, Schüler und kaufmännische Angestellte stießen in ihrer Umwelt häufig auf erhebliche Widerstände: gegen die anstößigen kurzen Hosen, die sonntäglichen Spiele in Konkurrenz zu den Gottesdiensten oder den englischen Importcharakter der „Fußlümmelei".

Da mochte es den fußballbegeisterten jungen Leuten ratsam erscheinen, sich ein preußisch-patriotisches Namensetikett umzuhängen, zumal auch Kronprinz Wilhelm in höchsteigener Person 1908 den „Kronprinzen-Pokal" für die Spiele der Regionalverbände gestiftet hatte. Auch dürfte das studentische Verbindungswesen mit seinen „Borussia"-Namen als Vorbild gewirkt haben.

Und schließlich wirkten im mehrheitlich katholischen Rheinland und Westfalen erhebliche Gegenkräfte, die mit der borussischen Kennzeichnung zumindest zu verärgern waren. Die Gründungsmitglieder von „Borussia Dortmund" im Jahre 1909 waren Abtrünnige eines katholischen Jünglingsvereins aus dem Arbeitermilieu unter Leitung eines eher fußballfeindlichen Kaplans.

Vereinslogo mit Borussiabezug aus der jüngeren Vergangenheit. Dieser Verein spielt heute noch in der Freizeitliga der Stadt Essen.

POPULÄRER IRRTUM

Monstrum Preußischer Militarismus?

Folgt man Heinrich Manns Roman „Der Untertan" (1906–1914), dann war das deutsche Bürgertum im Kaiserreich weitgehend durch Unterwürfigkeit und Brutalität eines preußischen Militarismus geprägt: ein satirischer Zerrspiegel der Kaiserzeit. Neuere Forschungen ergeben ein anderes Bild.

Bürgerliche Reserveoffiziere und Einjährig-Freiwillige mit höherem Schulabschluss, die für ihren Unterhalt selbst aufkamen und nur ein Jahr dienten, gaben beim Eintritt in den Dienst ihre bürgerliche Identität und den Stolz auf ihre beruflichen Leistungen durchaus nicht an der Kleiderkasse ab.

Das Militär genoss hohes Ansehen. Der Militärdienst wurde als vaterländische staatsbürgerliche Pflicht empfunden, in den man bürgerliche Werte wie Rationalität und Arbeitseifer einbringen konnte. Hierin unterschied sich das preußisch-deutsche Bürgertum nicht von den Auffassungen bürgerlicher und gleichfalls militäraffiner Schichten in anderen europäischen Staaten. Auch in Frankreich entstanden Veteranenverbände in ähnlicher Größenordnung und prägte hier wie dort ein dekorativer Kult des Militärischen die nationalen Gedenktage. Bei dieser Grundstimmung kam es zwangsläufig auch zu Übernahmen militärischer Verhaltensformen im Zivilbereich.

Schaut man in der Armee selbst auf „bürgerliche" Freiräume bei der Ausführung militärischer Aufgaben, so hielt das preußisch-deutsche Heer um 1900 mit seiner „Auftragstaktik", die stark auf die Selbständigkeit von Unterführern setzte, sicher die Spitzenposition unter den europäischen Streitkräften. Im preußischen Offizierskorps besaß die Erziehung zur Selbständigkeit eine lange Tradition. Besonders wurde sie von Generalstabschef

Helmuth von Moltke gefördert, der selbst mit „langem Zügel" in den Einigungskriegen führte. Auch Abweichungen von Befehlen trafen auf ein gewisses Verständnis, wenn die Sache es gebot. Das glatte Gegenteil des gern mit dem Militarismusvorwurf verbundenen „Kadavergehorsams"!

Das Schlagwort des preußischen Militarismus entstand seit den 1860er Jahren als politische Kampfparole: ein unscharfer Sammelbegriff, der unterschiedlich gefüllt wurde und gerade deshalb massentauglich war. Zuerst taucht er im katholischen Süddeutschland auf, motiviert mit der Furcht vor einer preußischen Hegemonie und verbunden mit der Stoßrichtung gegen Preußens allgemeine Wehrpflicht, während man sich noch in südlichen Gefilden mit Zahlungen von der Einberufung befreien kann. Bei den Liberalen bedeutet Militarismus die adlig geführte Berufsarmee in der Hand des Königs, während man hier gleichzeitig die Landwehr als bürgerliches Volksheer preist. Bei den Sozialisten dagegen ist Militarismus das Schwert eines gewaltbereiten Kapitalismus.

Wie steht es mit der Rüstung des von Preußen militärisch geführten Deutschen Reiches? Lag hier etwa ein im Ausland zu Recht als bedrohlich und „militaristisch" empfundenes Übergewicht vor? Tatsächlich überrascht die rein numerisch geringe Größe der preußisch-deutschen Friedensarmee 1913 (750.000 Mann bei 68 Mio. Einwohnern), gegenüber einem wesentlich stärkeren französischen Heer (845.000 Mann bei 40 Mio. Einwohnern).

Besondere Konturen besaß das preußisch-deutsche Militärsystem dagegen mit der Abtrennung von der zivilen Regierungsgewalt. Die Armee und ihre leitenden preußischen Organe unterstanden direkt dem Befehl des deutschen Kaisers und preußischen Königs.

Nur in Haushaltsfragen hatte der Kriegsminister dem Reichstag Rede und Antwort zu stehen. Was den Ausbau des Heeres und der Flotte betraf, konnte der Kaiser durchaus nicht schrankenlos walten, sondern war von der Bewilligung des Wehretats durch einen starken Reichstag mit fortschrittlichem Wahlrecht abhängig (allgemeines, direktes und gleiches Männerwahlrecht). So setzte der Reichstag hier auch den Hebel an, um Einfluss auf andere Militärangelegenheiten zu gewinnen. In der Verfassungspraxis wurde bereits eine „stille" Parlamentarisierung des Reiches wie auch der monarchischen Kommandogewalt eingeleitet. Will man sich nicht ohnehin vom unscharfen Begriff des „Militarismus" trennen, so müsste man gerechterweise von „Militarismen" mit ihren spezifischen nationalen Ausformungen in Europa sprechen.

Verdeutschung der Armeesprache

„Sagen Sie, Kamerad, wer is eijentlich der Einjährige da?" — „Einjährige? — Doktor der Philosophie oder irgend sonst so'n Jehirnfatzke."

Ein preußisches Märchen

Während der revolutionären Wirren in Berlin steht der in Neuruppin geborene Apothekergehilfe Theodor Fontane am 18. März 1848, bewaffnet mit einem Theatergewehr, an einer Barrikade, die er jedoch desillusioniert am Abend wieder verlässt. Sein Urteil, er habe nur ein paar beherzte Leute gesehen, spiegelt die Rahmensituation wider. Nur etwa 1% der Berliner Bevölkerung ließ sich für die Teilnahme an den Kämpfen aktivieren: Die anderen schauten zu oder auch weg.

1849 gibt Fontane den Apothekerberuf auf. Besserung seiner äußeren Verhältnisse bringen Anstellungen bei preußischen Regierungsstellen, darunter vier Jahre in London als Korrespondent und Presseagent mit der Auflage, natürlich im erwünschten amtlichen Sinn für einheimische preußische Presseorgane zu berichten. Von 1360 bis 1870 bastelt Fontane dann in seiner Berliner Redaktionsstube der konservativen Neuen Preußischen (Kreuz-)Zeitung tagtäglich den „Englischen Artikel" aus englischen Zeitungspartikeln zusammen – unter der Fiktion eines nicht existierenden Londoner Korrespondenten.

Die Zusammenarbeit mit der Kreuz-Zeitung von 1860 bis 1870 befreite Fontane von allzu drückenden Sorgen und verschaffte ihm die Ruhe, sich seinen bleibenden Preußen-Werken zu widmen. Drei Bände seiner „Wanderungen durch die Mark Brandenburg" erschienen in jener Zeit, die beiden letzten dann 1889/90. Fontane erschloss hier einem breiten, meist großstädtischen Lesepublikum das ländliche Brandenburg-Preußen und vermittelte ihm – sozusagen als preußische Essenz – das Bild eines eigenwilligen, selbstbewussten Landadels, der bei aller Opferbereitschaft auch den Mut zum Ungehorsam gegen die Landesherrschaft aufbrachte.

In dieses Jahrzehnt fallen auch seine ersten Arbeiten an „Vor dem Sturm" (1878 erschienen): ein umfangreiches und gestaltenreiches Panorama Preußens im Winter 1812/13.

Im Deutsch-Dänischen Krieg 1864 und im Deutschen Krieg 1866 ist Fontane als journalistischer Kriegsberichterstatter unterwegs, im Deutsch-Französischen Krieg 1870/71 dann als Reisender auf eigene Faust. Im Oktober 1870 als preußischer Spion verhaftet, schwebt er zeitweilig in Lebensgefahr, kommt aber dann in relativ milder Haft auf der Ile d'Oléron an der Atlantikküste zur Ruhe. Sein Buch „Kriegsgefangen" mit milder Sicht auf den französischen Kriegsgegner entsteht weitgehend noch in der Haft und kann als das emotional bewegendste seiner Wanderwerke gelten.

Seine Kriegsbücher zum 1866er und 1870/71er Krieg litten in fachlicher Hinsicht unter der mangelnden Unterstützung des Militärs, waren eher „von unten" geschrieben, allerdings mit Angabe hoher preußischer Verluste im Deutsch-Französischen Krieg, die im preußischen Generalstabswerk so nicht auftauchten.

Als Fontane im März 1876 die Beamtenstelle eines ersten Sekretärs bei der Akademie der Künste antrat, schien für seine Frau Emilie, ebenfalls aus hugenottischer Familie, endlich finanzielle Sicherheit erreicht. Doch Fontane kündigte bereits fünf Monate später, die mit der Stelle verbundene nüchterne Archivarbeit widersprach seiner Künstlernatur. Dieser Schritt löste eine schwere Ehekrise aus, die Fontane mit den Worten kommentierte: „Meine Frau, die große Meriten hat und in vielen Stücken vorzüglich zu mir passt, hat nicht die Gabe des stillen Tragens, des Trostes, der Hoffnung." Trotzdem hielt die Ehe lebenslang: fast 48 Jahre. Fontanes „ausgebildeter Sinn für Tatsächlichkeiten", den er sich zuschrieb, wird hier eine Rolle gespielt haben.

Die Schaffenskraft des alten Fontane ist beeindruckend. Zwischen 1878 und 1898 entstehen fast jedes Jahr ein Roman oder eine Erzählung. Und tatsächlich: Der bleibende Erfolg stellt sich endlich ein. In den letzten Jahren kann er mit Buchverkäufen,

Preisgeldern und einer Ehrenpension Kaiser Wilhelms II. durchaus gut leben. In „Effi Briest" entlarvt Fontane die konventionellen Zwänge und den veräußerlichten Ehrbegriff. Effis Mann Baron von Instetten tötet ihren früheren Liebhaber im Duell, wie er sich selbst eingesteht, um den „Götzendienst" eines Ehrenkultus „einer Vorstellung, einem Begriff zuliebe ... und diese Komödie muss ich nun fortsetzen und muss Effi wegschicken und sie ruinieren und mich mit."

Fontanes letzter Roman „Der Stechlin" erscheint in der Buchausgabe erst 1899 – nach seinem Tod. Während an Kritik und Ironie am zeitgenössischen Adel in all seinen Schattierungen nicht gespart wird, stehen Protagonist Dubslav von Stechlin und sein patriarchalisches Umfeld für die Herzensweite, Gesinnung und das Fehlen jeglichen Dünkels, die Fontane als „wahres Preußentum" auffasste. Ein preußisches Märchen, gewiss! Aber wie alle Märchen besitzt es doch einen realen Kern. Es eröffnete der städtischen Leserschaft des Autors einen neuen Blick auf Preußen, während der preußische Adel ihn zu seinen Lebzeiten wenig wahrnahm. Dies gehört zur Tragik Theodor Fontanes ...

Filmszene aus „Der Stechlin" von 1975

Zusammenbruch eines Bollwerks

Seit 1920 besaß der Freistaat Preußen im gebürtigen Königsberger Otto Braun (SPD; 1872–1955) einen Ministerpräsidenten, der sich energisch für den Zusammenhalt Preußens einsetzte.

1922 verkündete er vor dem Landtag seinen Leitgedanken, „dass der Einheitsgedanke heute bei uns in Deutschland am stärksten in einem großen geschlossenen einheitlichen preußischen Staatsgefüge zum Ausdruck" komme.

Ministerpräsident Otto Braun, um 1928

In den Kämpfen mit Kräften von rechts und links und der Ruhrbesetzung, die die Republik, aber auch Preußen bis 1923 erschütterten, bewiesen er und sein Innenminister Carl Severing (SPD; 1875–1952) Standhaftigkeit. Braun und Severing gelang es in den folgenden Jahren ein republikanisches Beamtentum aufzubauen. Der Berliner Polizeipräsident und ministerielle Nachfolger Severings 1926–30, Albert Grzesinski (SPD), führte dann die Demokratisierung der preußischen Polizei weiter fort. Der bekannte Slogan „Die Polizei – dein Freund und Helfer" hat in ihm einen seiner Väter.

Otto Braun setzte sich mit seiner Zielvorstellung eines starken und demokratischen Preußen konsequent gegen Abspaltungsversuche zur Wehr. Die Rheinstaatspläne des Präsidenten des preußischen Staatsrates Konrad Adenauer scheiterten so Ende

1923 im Wesentlichen an Brauns Widerstand. In Preußen hielt sich die Regierung der Weimarer Koalition von SPD, Zentrum und DDP weitgehend und ganz überwiegend unter Ministerpräsident Braun bis 1932. Im Reich verlor sie bereits 1920 die Mehrheit.

Das republikanische Preußen, das so als starkes Bollwerk der Demokratie gilt, trat zur Zeit seiner größten Bedrohung 1932 überraschend still von der Bühne der Geschichte ab. Nach den Landtagswahlen vom April 1932 fehlte der Regierung nach dem erdrutschartigen Sieg der NSDAP die parlamentarische Mehrheit. Mit dem von Reichskanzler Franz von Papen arrangierten sogenannten Preußenschlag vom 20. Juli 1932 wurde per Notverordnung von Reichspräsident Hindenburg die Regierung Braun für abgesetzt erklärt und Papen zum Reichskommissar für Preußen ernannt.

Diese Aktion war in Kreisen aller großen Parteien tendenziell schon Wochen vorher bekannt. Bereits am 17. Juli beschloss die SPD-Führung, keinen Generalstreik auszurufen und auf eine bewaffnete Gegenwehr zu verzichten. Otto Braun wurde (vorsorglich?) nicht aus seinem Urlaub zurückgerufen. Damit war die Linie vorgegeben.

Man beschränkte sich im Wesentlichen auf eine Klage beim Staatsgerichtshof. Dessen Urteil, dass die Amtsenthebung der preußischen Regierung zwar verfassungswidrig sei, nicht jedoch die Einsetzung eines Staatskommissars, „um für Ruhe und Sicherheit zu sorgen", konnte wenig befriedigen. Ein chaotischer Zustand von zwei Regierungen war die Folge, während Papen schon begann, die Umbesetzung der Beamtenstellen im Sinne der rechtsgerichteten Kräfte zu betreiben. Einen Kurs, den der nachfolgende Reichsstatthalter für Preußen Adolf Hitler und sein neuer Ministerpräsident Hermann Göring um so radikaler fortsetzen werden.

Warum also kein – und sei es nur passiver – Widerstand? Warum kein Generalstreik der SPD geführten „Eisernen Front" (SPD, Reichsbanner, Freie Gewerkschaften, Arbeitersportvereine)? Warum kein Verweigern der Amtsübergaben?

Hat das vom Vater der Weimarer Verfassung Hugo Preuß vertretene Modell eines dezentralen „Einheitsstaates" (Aufteilung der Länder in Kleinstaaten mit starker Selbstverwaltung) hier eine unterminierende Rolle gespielt? Preußen wurde von ihm „als staatsrechtliche, politische und wirtschaftliche Unmöglichkeit" bezeichnet. Seinen Niederschlag fand das tendenziell in Artikel 18 der Weimarer Reichsverfassung und auch in den Plänen einer „Reichsreform", deren Konzepte den Großstaat Preußen bereits auf dem Papier in mehrere kleine Länder zerlegten.

So sprach sich 1928 das offizielle Handbuch der preußischen Staatsregierung für den deutschen „Einheitsstaat" aus, wobei Preußen seine Souveränität aber erst aufgeben könne, wenn sich auch Bayern, Württemberg und Baden dem anschlössen. Trug das amtliche und häufig praktizierte Infragestellen der Souveränität Preußens dazu bei, einen entschlossenen Widerstand zu verhindern, als Papens „Preußenschlag" die Existenz dieses Staates zu beseitigen drohte? Gehört zu den Defiziten auch, dass der Freistaat in offiziellen Verlautbarungen komplett darauf verzichtete, seine Vorbilder auch im älteren, etwa im friderizianischen Preußen zu suchen? Die historische Verankerung setzte in seiner Selbstsicht erst mit den preußischen Reformen ab 1806/07 ein. Seine Gegner konnten dagegen die breite Preußen-Palette erfolgreich gegen ihn ausspielen.

Nach dem Staatsende

Mit dem Gleichschaltungsgesetz vom April 1933 wurde Reichskanzler Hitler Reichsstatthalter für Preußen, übertrug aber wenige Tage später dessen Befugnisse auf den von ihm zum preußischen Ministerpräsidenten ernannten Hermann Göring (1893–1946).

Göring schuf nun das „Geheime Staatspolizeiamt" innerhalb der preußischen Polizei, das sich zum Instrument des Terrors entwickelte. Am Ende dieser Aushöhlung Preußens stand dann 1934 die Beseitigung preußischer Eigenstaatlichkeit überhaupt: der preußische Landtag wurde aufgehoben und sämtliche preußische Ministerien gingen, bis auf das Finanzministerium, in den entsprechenden Reichsministerien auf. Hiermit war nun definitiv das staatliche Ende Preußens vollzogen.

Vor diesem Hintergrund erweist sich die viel spätere Auflösung Preußens durch den Alliierten Kontrollrat am 25. Februar 1947 als reine Makulatur. Die Begründung, dass Preußen seit jeher Träger des Militarismus und der Reaktion in Deutschland gewesen sein, entsprach einem interessegeleiteten westalliierten Preußensyndrom. Mit ähnlichen Formulierungen hatte es schon 1919 Eingang in die Mantelnote zum Versailler Vertrag gefunden.

Gleichzeitig nahm das NS-Regime Preußen jedoch propagandistisch in Anspruch. Als geschickter Theatercoup wurde am 21. März 1933 der „Tag von Potsdam", auch unter Beteiligung von Kronprinz Wilhelm, inszeniert: die feierliche Eröffnung des neuen Reichstages in der Potsdamer Garnisonkirche. Im Händedruck von Marschall und Gefreiten (Hindenburg und Hitler) sinnfällig zum Ausdruck gebracht, betonte man wirkungsvoll die scheinbare Einbindung der NSDAP in ein Gefüge konservativer bürgerlicher Wertvorstellungen.

Die Rechnung sollte aufgehen: Zwei Tage später beschloss der Reichstag das sogenannte Ermächtigungsgesetz mit Zustimmung aller bürgerlicher Parteien. Hitler hielt nun faktisch auch die gesetzgebende Gewalt in seinen Händen. Nur die Sozialdemokraten mit dem tapferen Otto Wels an der Spitze widersetzten sich, während die KPD-Mandate bereits annulliert waren.

Preußische Themen, auch in Filmen wirkungsvoll vermittelt, spielten in der NS-Propaganda bis zum Ende des Zweiten Weltkriegs eine nicht unbedeutende Rolle: so die „Friedrichfilme", die den „großen König" – unter Weglassung seiner Auffassungen von Rechtsstaat und Aufklärung – zur genialen Führerfigur stilisierten und in späteren trüberen Kriegstagen zum „Durchhaltefriedrich". Seit der Erklärung des „totalen Krieges" durch Goebbels im Februar 1943, kurz nach der Niederlage von Stalingrad, wurde dann „das Volk in Waffen" der Befreiungskriege 1813–1815 beschworen.

Daneben ließen sich aber nichtregimekonforme Teile der Mittel- und Oberschicht – Geistliche, Beamte und Offiziere – durch facettenreichere Preußenbilder ansprechen, ohne dass sie deshalb gleich dem Widerstand zuzurechnen wären. Hier fand der mit einer Jüdin verheiratete evangelische Autor Jochen Klepper seine Leserschaft. Als die Deportation ihrer Tochter anstand, ging Jochen Klepper mit seiner Familie im Dezember 1942 in den Freitod. Sein immerhin in zwei gewichtigen Bänden erschienener Roman über den Soldatenkönig „Der Vater" (1937) wurde mit 100.000 Exemplaren bis Kriegsende zum regelrechten Bestseller. Für viele seiner Leser war das Buch mit seiner Betonung eines religiös und sittlich verankerten Königtums geradezu ein Gegenbild der offiziellen Preußenpropaganda.

Zum aktiven Widerstandskreis des 20. Juli gehörten überwiegend Soldaten aus altpreußischen Familien wie Generalmajor Henning von Tresckow. Zu den Opfern nach dem gescheiterten Hitler-Attentat am 20. Juli 1944 zählten mehr als 60 Offiziere, darunter 18 Generale. In der Opferbilanz finden sich auch die Angehörigen von Militär und Verwaltung, die hier preußisch sozialisiert wurden: darunter die beiden Grafen Claus und Berthold Schenk von Stauffenberg, deren Ahnenlinie sie mit dem preußischen Heeresreformer Gneisenau verbindet.

In der vor Hellmuth James Graf von Moltke begründeten Widerstandsgruppe des Kreisauer Kreises – benannt nach ihrem Treffpunkt, dem von Generalstabschef Moltke 1866 erworbenen schlesischen Gut – fand sich eine breit gefächerte Gegenelite intellektueller Persönlichkeiten. Sie kamen aus ostelbischem Adel (u.a. Graf Moltke, Peter Graf York von Wartenburg, Carl Dietrich von Trotha), von evangelischer und katholischer Kirche (allein drei Jesuitenpatres: Alfred Delp, Augustin Rösch, Lothar König) aus der Sozialdemokratie (u.a. Julius Leber, Carlo Mierendorff, Adolf Reichwein), aus Wissenschaft und Verwaltung und besaßen teilweise Verbindungen zum militärischen Widerstand des 20. Juli. Soweit vorhanden, wurden preußische Prägungen hier in weite Horizonte gestellt.

Helmuth James Graf von Moltke vor dem Volksgerichtshof, 1944

„Das Bild des Menschen im Herzen unserer Mitbürger" wiederherzustellen, so beschrieb James von Moltke ihr gemeinsames Ziel. Dies sei „eine Frage der Religion und der Erziehung, der organischen Verbundenheit mit Beruf und Familie, des rechten Verhältnisses zwischen Verantwortung und Anspruch."

In Kreisau plante man für ein neues Europa nach dem Sturz der NS-Diktatur und sah in einem entschieden christlich verankerten Humanismus das Gegenmittel gegen all die erlebten Schändungen der Menschenwürde. Über die wenigen Überlebenden führten Wege zur Mitgestaltung der frühen Bundesrepublik. Teile der christlich-sozialen Ideen Kreisaus fanden sich auch im Ahlener Programm der CDU wieder, darunter die Aufnahme von Arbeitnehmern in die Aufsichtsräte von Großunternehmen. Ob die ethisch problematische Wachstumsideologie und Versorgungsmentalität im späteren Wohlfahrtstaat allerdings die Billigung der Kreisauer gefunden hätte, darf stark bezweifelt werden.

Ohne die erhoffte Wirkung: Der bis dahin teuerste deutsche Film „Kolberg" über die die erfolgreiche Verteidigung der pommerschen Festungsstadt gegen napoleonische Truppen 1807 wurde am 30. 1.1945 uraufgeführt. Die Absicht, für den Endkampf nachhaltig zu begeistern, schlug fehl.

„Ganz ohne Preußen geht die Chose nicht"

Sehr früh, bereits seit Anfang der 1950er Jahre, versuchte die DDR zwei nationale Mythen bei ihren Bürgern zu verankern: zum einen den antifaschistischen Gründungsmythos der neuen Republik und zum anderen den der preußisch-russischen Waffenbrüderschaft in den Befreiungskriegen unter Begleitung fortschrittlicher preußischer Reformen.

Freilich behielt man bei diesem Versuch, den Beziehungen zur Sowjetunion ein historisches Fundament zu verschaffen, die Stoßrichtung gegen ein „reaktionäres Junkertum" und die Hohenzollerndynastie ausdrücklich bei. Auch der Begriff „Preußen" war dabei nicht positiv besetzt: Der „Militärstaat Preußen" und das „Preußentum", so hieß es in DDR-Schulbüchern der 1950er Jahre, stünde für die Herrschaft reaktionärer Kräfte, und diese hätten schließlich ganz Deutschland „verpreußt".

In der Bundesrepublik konnten sich propreußische Stimmen, wie die des jüdischen Historikers Hans-Joachim Schoeps oder der Herausgeberin der „Zeit" Marion Gräfin Dönhoff trotz des antipreußischen Verdikts des Alliierten Kontrollrates auf dem Buchmarkt weithin Gehör verschaffen. Schoeps interpretierte das Kaiserreich von 1871 bereits als preußische Nachgeschichte, in der sich der preußische Wesenskern bereits aufgelöst habe, Gräfin Dönhoff stellte die Notwendigkeit eines „geistigen Preußen" für die Bundesrepublik fest – bei gleichzeitiger Anerkennung des endgültigen Verlustes der preußischen Ostgebiete jenseits von Oder und Neiße. Jedoch konnte Wolf Jobst Siedler schon 1965 „Preußens Auszug aus der Erinnerung" der Deutschen, zumal auf westdeutscher Seite, feststellen.

Erst in den 1970er und 1980er Jahren erlangten preußische Themen eine starke und anhaltende Beachtung in DDR und BRD.

Mit dem neuen Kurs der SED, sich „die Gesamtheit humanistischer und progressiver Kulturtraditionen" kritisch anzuzeigen, öffnete sich die Tür für Preußen ein Stück weiter. Ende der 1970er Jahre erschienen die Biografie Friedrichs II. von Ingrid Mittenzwei und Sebastian Haffners „Preußen ohne Legende" mit einem zu weiten Teilen positiven Blick auf die preußische Geschichte. 1980 konnte der bronzene Fridericus Rex von Christian Daniel Rauch mit Genehmigung Erich Honeckers wieder „Unter den Linden" reiten, was den Dramatiker Claus Hammel 1981 zu seinem Theaterstück „Die Preußen kommen" veranlasste: ein wahres Feuerwerk an ironischen Seitenhieben auf die sozialistische Staatswirklichkeit.

Im gleichen Jahr setzte die legendäre große Preußenausstellung „Preußen – Versuch einer Bilanz" im Berliner Gropiusbau neue Maßstäbe. Trotz ihrer Vielfältigkeit kreiste die öffentliche Debatte meist um Fragen der sogenannten preußischen Tugenden: um ihre Relevanz oder ihre Gefahren für die Gegenwart.

Mit der Überführung der sterblichen Überreste der preußischen Könige Friedrich Wilhelm I. und Friedrich II. von der Burg Hohenzollern nach Potsdam-Sanssouci 1991 unter der Beteiligung von ca. 80.000 Menschen gewann die Preußenwelle noch einmal einen letzten Aufschwung. Nach der Entscheidung in der Hauptstadtfrage 1990/91 sorgte die Erfahrung, dass die vergrößerte Bundesrepublik nicht in die Fußstapfen alter Machtstaatspolitik trat, für einen gelasseneren Umgang mit der preußischen Geschichte.

Selbst kritische Geister wie Lore Lorentz vom „Düsseldorfer Kommödchen" und Rainer Otto, einer der führenden DDR-Kabarettisten und Direktor der „Leipziger Pfeffermühle" brachen eine Lanze für die Aneignung gewisser „preußischer Tugenden" in demokratischen Staatswesen. Mitte der 1980er Jahre produzierten beide mit der gleichen Formel „Ganz ohne Preußen geht die Chose nicht" (frei nach „Ganz ohne Weiber geht die Chose nicht" aus der Operette „Die Csárdasfürstin") ihr Preußen-Poem.

So heißt es bei Rainer Otto mit deutlicher Spitze gegen die „ganz lupenreinen" Genossen:

> Ganz ohne Preußen geht die Chose nicht / Ganz ohne Tugend blüht das Große nicht / Ganz ohne Zuverlässigkeit und Akribie / gelingt das nie / Ganz ohne Redlichkeit und Pflichtgefühl / schafft auch die Avantgarde nicht allzuviel / Auch den ganz Lupenreinen / kleidet „mehr sein als scheinen" / kleiden Manieren und Takt.

Und bei Lore Lorentz:

> Ist Ihnen schon mal aufgefallen, dass man nur spricht / von der bayerischen Urwüchsigkeit / von dem rheinischen Frohsinn / von der schwäbischen Sparsamkeit / und von der sächsischen Pfiffigkeit?
> Von Tugenden aber spricht man nur im Zusammenhang mit Preußen. Und wenn ich mal ein Bäumchen pflanzen werde / und falls Gott es ein bisschen wachsen lässt / dann häufel ich's mit dürrer Preußenerde / und binde es am schwarz-und weißen Maste fest.

Von Heimat und Preußen-Krimis

Lange Zeit galt es in den nach dem Zweiten Weltkrieg an Polen, Russland und Litauen gefallenen Gebieten als politisch inopportun, sich mit der Geschichte ihrer früheren preußisch-deutschen Bewohner zu befassen.

Und doch war für die Neuankömmlinge unübersehbar – auch sie Vertriebene meist aus den von Stalin annektierten ostpolnischen Gebieten –, dass sie in deutsch geprägte Siedlungslandschaften kamen. Zu sehr unterschied sich das Gesicht der Landstädte und Dörfer mit ihren Kirchen, Herrenhäusern und Friedhöfen als den raumprägende preußischen Konstanten vom Erscheinungsbild ihrer Herkunftsregionen.

Jahrzehnte vergingen, bis eine neue Generation – vor allem seit dem Jahr des Aufbruchs 1989 – die alten Denkverbote abstreifte und begann, sich mit den deutlichen preußisch-deutschen Spuren in ihrer Heimat zu befassen und nach den früheren Bewohnern zu fragen. Heimat heißt heimisch sein, und wo man sich heimisch fühlt, begegnet man den Menschen, die sich hier sichtbar in Architektur und Landschaftsgestaltung ausgedrückt haben, zumindest grundsätzlich mit Verständnis. 1990 gründeten polnische Wissenschaftler, Künstler und Literaten so im ermländischen Olsztyn/Allenstein die Kulturgemeinschaft „Borussia" (lat. Begriff für Preußen) mit dem Ziel, das Bewusstsein für das vornationale multiethnische Erbe Preußens zu schärfen. So brachte man junge Polen, Russen, Litauer, Deutsche, Ukrainer und Weißrussen in Workshops zusammen und entwickelte Themenhefte für polnische Lehrer.

Wie in Polen, so nehmen sich auch Gemeinschaften in den vormals preußisch-deutschen Gebieten Russlands und Litauens der preußisch-deutschen Geschichte ihrer Heimat an.

In Zusammenarbeit mit deutschen Institutionen, darunter Heimatkreise vertriebener Deutscher und ihrer Nachkommen, wurden und werden Wiederaufbauprojekte verschiedenster Art betrieben.

In Tilsit, dem heute russischen Sowetsk, thront seit 2013 wieder der Preußenadler auf dem 1912 errichteten Gerichtsbrunnen – ein Geschenk des Bürgermeisters – und 2014 ist im Park von Jakobsruh das 1912 von Kaiser Wilhelm II. eingeweihte Luisendenkmal wiedererstanden. Im heute zu Litauen gehörenden Memel/Klaipeda erinnert seit 2011 eine Erinnerungstafel mit Luisenporträt am heutigen Rathaus an den einjährigen Aufenthalt von Friedrich Wilhelm III. und Luise an diesem Ort, als sich hier die königliche Residenz befand (1807/08).

Armin Müller-Stahl besucht in Begleitung von Anjelika Schpilowa, Direktorin des Stadtgeschichtsmuseums, seine Geburtsstadt Tilsit/Sowjetsk 2011 zur Verleihung der Ehrenbürgerwürde.

Inzwischen hat die Aneignung der Geschichte vor 1945 auch die Ebene des Kriminalromans erreicht: Stellvertretend sei hier der promovierte Altphilologe Marek Krajewski mit seinem sechs Bücher umfassenden Breslau-Zyklus genannt. Im Mittelpunkt steht der Ermittler und preußisch-deutsche Kriminalbeamte Eberhard Mock. Zwar eine zerrissene, aber gleichwohl starke Persönlichkeit, die die Fähigkeit zu Brutalität und Empathie in sich vereint. Die Bücher des mehrfach ausgezeichneten Autors sind inzwischen in 17 Sprachen übersetzt. Auch bei dem 1966 in Wroclaw/Breslau geborenen Krajewski begann das Interesse an der deutschen Geschichte schon im Knabenalter: mit der Entdeckung deutscher Spuren in seiner Heimatstadt.

Preußen kann so eine Brücke nach Ostmitteleuropa sein. Wir müssen sie nur betreten wollen.

Das Quiz für echte Preußen-Experten

1. **Wer erfand die Karnevalskappe im Kölner Karneval?**
   a) König Friedrich Wilhelm IV.
   b) der Demokrat Franz Raveaux
   c) der preußische General von Czettritz und Neuhaus

2. **Woher kommt das Komma bei der Inschrift auf Schloss „SANS, SOUCI"?**
   a) Architekt von Knobelsdorff wollte damit den Schriftzug breiter machen.
   b) Friedrich wohnte rechts und drückte so aus, dass ihm die Sorgen verblieben.
   c) Auf Veranlassung von Voltaire: Das betonte „Sans (ohne)" war ein Hinweis, dass Preußen noch vieles fehle.

3. **Die Züchtung welcher Hunderasse führte Friedrich der Große für die Oder-Region ein?**
   a) den Windhund
   b) den belgischen Schifferspitz Schipperke für Flusskähne
   c) den Hütehund Beauceron für Schafherden

4. **Was steht auf Bismarcks Marmorsarg in Friedrichsruh?**
   a) ein treuer preußischer Diener seiner Könige
   b) ein treuer deutscher Diener seiner Kaiser
   c) ein treuer deutscher Diener Kaiser Wilhelms I.

5. **Wer bewertete die serbische Antwort auf das österreichische Ultimatum in der Julikrise 1914 als ausreichend und wollte einlenken?**
   a) Kaiser Wilhelm II. mit den Worten „Damit fällt jeder Kriegsgrund fort". Er beauftragte seinen Staatssekretär von Jagow, Wien dies mitzuteilen (von ihm nicht ausgeführt)
   b) Staatssekretär von Jagow mit den Worten „ein Triumph für Wien"
   c) Reichskanzler von Bethmann Hollweg mit den Worten „ganz akzeptabel"

6. Preußisch Holland war …

a) … das Gebiet östlich der Maas mit niederländisch sprechender Bevölkerung, das Preußen 1713 erhielt.
b) … eine Stadt nahe am Drausensee in Ostpreußen, die vor 1300 vom Deutschen Orden mit holländischen Einwanderern gegründet wurde.
c) … volkstümlicher Beiname der Herrlichkeit Herstal bei Lüttich, die Friedrich der Große 1740 an den Bischof von Lüttich verkaufte.

7. Wo befand sich von Januar 1807 bis Januar 1808 die Residenz des preußischen Königs?

a) in Potsdam
b) in Königsberg
c) in Memel

8. Der Hauptsitz des Deutschen Ordens, die Marienburg, gehörte zwischen 1878 und 1919 zur …

a) Provinz Ostpreußen
b) Provinz Pommern
c) Provinz Westpreußen

9. Welcher preußische Autor leistete mit seinen „Briefen über Zustände und Begebenheiten in der Türkei aus den Jahren 1835–1839" einen Beitrag zur europäischen Reiseliteratur?

a) der spätere preußische Generalstabschef Helmuth Graf von Moltke (der Ältere)
b) der Forschungsreisende Carsten Niebuhr
c) Karl May

10. Welcher preußische Aristokrat erreichte, dass 1857 ein preußisches Gesetz in Kraft trat, dass Sklaven, die preußischen Boden betraten, sofort die Freiheit erhielten?

a) Onnphrius von Radonski
b) Friedrich Freiherr von Drieberg
c) Alexander von Humboldt

11. Wie hieß die preußische Monarchin, die zu dem Gründer des Roten Kreuzes Henri Dunant eine persönliche Beziehung unterhielt und den Anstoß gab, dass die preußischen Feldlazarette auch die Verwundeten des Gegners mitversorgten?

a) Königin Luise
b) Königin/Kaiserin Auguste Viktoria
c) Königin/Kaiserin Augusta

12. Seit wann gab es engere Beziehungen zwischen Preußen und den USA?

a) seit dem Freundschafts- und (Frei-)Handelsvertrag zwischen Preußen und den USA von 1785.
b) seit den persönlichen Beziehungen zwischen Wilhelm II. und dem Präsidenten der USA Theodore Roosevelt.
c) seit dem „Berliner Vertrag" von 1921 als deutsch-amerikanischer Separatfrieden.

13. Gab es unter Friedrich dem Großen Muslime in Preußen?

a) Nein. Sein Hinweis auf die Türken, die das Land „peuplieren" wollten, war nur theoretisch gemeint.
b) Ja. Der Sultan schickte ihm Kolonisten.
c) Ja. Friedrich stellte eine muslimische Einheit von Lanzenreitern („Bosniaken") auf, die ihre Garnisonen in Ostpreußen hatten.

14. Worauf führen die beiden Landschaftsverbände in NRW ihre stark ausgedehnte Selbstverwaltung zurück?

a) auf eine königliche Kommission, die Friedrich Wilhelm III. 1829 einrichtete.
b) auf die 1823/24 gebildeten Provinzialstände, die Sprachrohr für regionale Interessen gegenüber der Berliner Zentrale wurden.
c) auf die Provinzialordnungen von 1886/87. Kreistage und kreisfreie Städte wählten die Abgeordneten des Provinziallandtages.

15. Welcher maritime Stützpunkt kam in der Regierungszeit Wilhelms II. zu Preußen?

a) das 1890 von England überlassene Helgoland
b) der Hafen in Emden 1893
c) die Germaniawerft für den U-Boot-Bau in Kiel 1902

Quiz-Lösungen

1c, 2b, 3b, 4c, 5a
6b, 7c, 8c, 9a, 10c
11c, 12a, 13c, 14c, 15a

Zitate

Denn Sie müssen nur wissen, dass der geringste Bauer, ja was noch mehr ist, der Bettler, ebensowohl ein Mensch ist, wie seine Majestät sind, und dem alle Justiz widerfahren werden muss.
Friedrich der Große

Ausdruck einer panischen Abwehr der Essenz Preußens: wenn man … den Rechtsstaat und die wissenschaftlich-philosophische Eminenz betonte und dabei die Basis von allem, das Militärische schlechthin vergäße.
Karl Heinz Bohrer

Man kann Preuße nur noch sein wie Grieche: das Land mit der Seele suchend.
Rudolf Borchardt

Die nötige Toleranz: Dieser Gedanke hat Preußen überdauert. Er hat seither an Aktualität sogar dramatisch zugenommen. Offenheit und Toleranz gegenüber Fremden waren die Botschaft, die Preußen an die Zukunft richtete.
Manfred Stolpe

Auch wenn Preußen nach und nach starb, so blieb doch sein Erbe: die Architektur, die Denkmäler, die Legende, aber auch die Menschen, die im preußischen Geist erzogen worden waren.
Adam Krzeminski

Die preußischen Tugenden mögen ein Mythos sein … Dennoch sind die Verbindung von Tradition und Fortschritt, Selbstbewusstsein und Bescheidenheit, Toleranz und Konsequenz, Einsatzbereitschaft und Verlässlichkeit nicht überholt, sondern bleibende Grundlagen für die deutsche wie die europäische Zukunft.
Norbert Lammers